基金项目：2023 年度教育科学规划课题（德育专项）《人工智能视域下聚焦关键教学行为的思政课堂教学评价研究》（项目编号：2023JKDY083）研究的阶段性成果；2023 年度广东省教育科学规划课题《习近平法治思想引领下的高职大学生法治素养培育路径探究》（项目编号：2023GXJK976）研究的阶段性成果；2020 年广东省高职高专院校思想政治课建设联盟项目《新媒体融合下高职“形势与政策”课混合教学模式的构建与实践》（项目编号：GDSZXT_202031）研究成果；2023 年校级教育教学改革研究与实践项目《高职院校思政课教材体系向教学体系有效转化研究——以“思想道德与法治”课为例》研究成果。

“三全育人”教育理念分析与实践

刘伟斌◎著

文化发展出版社
Cultural Development Press
· 北京 ·

图书在版编目（CIP）数据

“三全育人”教育理念分析与实践 / 刘伟斌著．—北京：文化发展出版社，2023.12
ISBN 978-7-5142-4260-7

Ⅰ．①三… Ⅱ．①刘… Ⅲ．①高等学校－思想政治教育－研究－中国 Ⅳ．① G641

中国国家版本馆 CIP 数据核字（2024）第 024949 号

“三全育人”教育理念分析与实践

刘伟斌　著

出 版 人：宋　娜
责任编辑：袁兆英　　　　责任校对：侯　娜
责任印制：杨　骏　　　　封面设计：谢婉莹
出版发行：文化发展出版社（北京市翠微路 2 号　邮编：100036）
网　　址：www.wenhuafazhan.com
经　　销：全国新华书店
印　　刷：天津和萱印刷有限公司

开　　本：710mm × 1000mm　1/16
字　　数：220 千字
印　　张：10
版　　次：2024 年 9 月第 1 版
印　　次：2024 年 9 月第 1 次印刷

定　　价：72.00 元
I S B N：978-7-5142-4260-7

前　言

“三全育人”即全员育人、全程育人、全方位育人，是中共中央、国务院颁布的《关于加强和改进新形势下高校思想政治工作的意见》中提出的坚持全员、全过程、全方位育人的要求。它强调不仅教师要育人，而且每个人都应当在育人过程中发挥作用；不仅在学术知识上进行育人，而且要关注学生在身心健康、品德修养和社会责任感等方面的全面发展。“三全育人”综合改革工作以习近平新时代中国特色社会主义思想为指导，坚持和加强党对高校的全面领导，紧紧围绕立德树人根本任务，充分发挥中国特色社会主义教育的育人优势，以理想信念教育为重点，以社会主义核心价值观为引领，并强化基础、突出重点、建立规范、落实责任，一体化构建高校思想政治工作体系，使其贯通学科体系、教学体系、教材体系、管理体系，形成全员、全过程、全方位育人格局。

“三全育人”有助于培养具有创新意识、合作意识和责任感的新一代人才，推动社会进步和可持续发展。同时，它也提醒我们，教育是一个持续终身的过程，需要家庭、学校和社会多方共同努力，为每个学生提供良好的成长环境和机会。

本书共五章。第一章为“三全育人”教育理念综述，包括“三全育人”的定义及提出背景、“三全育人”的理论支持、新时代高校“三全育人”环境分析三部分；第二章为“三全育人”实践策略，包括“三全育人”管理策略、“三全育人”队伍建设、“三全育人”运作机制三部分；第三章为基于“全员育人”的导师制建设三部分，包括导师制概述、教师到导师的转型策略、新时代全员导师制探索三部分；第四章为基于“全程育人”的高校教育建设，包括“全程育人”与高校校园文化建设、“全程育人”与高校社会实践、“全程育人”与高校学生科研三部分；第五章为基于“全方位育人”的教育探索，包括学生全面发展研究、基于“全方位育人”的大学生职业教育、基于“全方位育人”的高校党建工作。

在撰写本书的过程中，笔者参考了大量的学术文献，得到了许多专家学者的帮助，在此表示真诚的感谢。本书内容系统全面，论述条理清晰、深入浅出，但由于笔者水平有限，书中难免有疏漏之处，希望广大同行及时指正。

刘伟斌

2023 年 6 月

目　录

第一章 “三全育人”教育理念综述

本章的主题是“三全育人”教育理念综述，将从三个方面展开论述：“三全育人”的定义及提出背景、“三全育人”的理论支持、新时代高校“三全育人”环境分析。

第一节 “三全育人”的定义及提出背景

一、“三全育人”的定义

坚持“三全育人”是中共中央、国务院在《关于加强和改进新形势下高校思想政治工作的意见》中提出的加强和改进高校思想政治工作的五项基本原则之一。其要义是将思想价值引领贯穿教学、科研、管理、实践、服务等各个环节，将思想政治工作覆盖学校、家庭、社会等各个方面，画好立德树人“同心圆”。这一育人理念的提出，是中国共产党开创与发展现代高等教育事业的历史必然。

（一）全员育人：基于角色的责任伦理

“三全育人”之全员育人是全程育人和全方位育人的“生命线”。全员育人意味着高校的每一位教职员工都要承担育人责任。

1. 全员育人责任的伦理依据在于角色责任

德国社会学家马克思·韦伯（Max Weber）曾提出与政治家这一角色相关的责任伦理，主要内涵如下：其一，责任主体是政治家，责任对象是国家与民众；其二，责任伦理与良知伦理相互依存，前者优先；其三，这种责任属于非相互性责任、实质责任、自选责任。角色是责任伦理的逻辑起点，角色与责任名实相依、互为表里。① 高校的教职员工实质上是体现职业特征的社会角色，承担相应的角色责任，也就是育人责任。

① 韦伯．社会科学方法论[M]．杨富斌，译．北京：华夏出版社，1999．

2. 育人责任被赋予了新的时代内涵

社会发展日新月异，对社会角色承担的责任赋予了新的内容，提出了新的要求。全员育人或者说“三全育人”中的“育”是学科知识、专业技能和科研能力方面的综合培养，更是把好“总开关”之“育”，即培养好公民、社会主义建设者和接班人。思想引领和理想信念之“育”是新时代育人责任的核心要义，这是一种回应新时代的广义之“育”，需要校院各部门同向发力，各个岗位的工作者同心履责。高校全体教职员工都是育人者，育人者不再局限于传统视域下的思想政治理论课教师、党政和共青团干部、专职和兼职辅导员等。教师队伍更是肩负着从思想品德、理想信念和知识传授方面涵育时代新人的重任，是学生全面成长发展的引路人。

（二）全程育人：遵循三种规律

全程育人中的全程主要指教育教学全过程以及学生的成长发展全过程，教育教学支持和服务于学生的成长发展。全程育人遵循三种规律，即思想政治教育过程规律、教书育人规律和学生成长发展规律。

1. 思想政治教育过程规律

思想政治教育过程有三条规律：一是教育要求与受教育者思想政治素质发展之间保持适度张力的规律；二是将教育和自我教育相统一的规律；三是协调与控制各种影响因素使之同向发挥作用的规律。教育的标准应当超越学生目前的思想品德和思想政治素质水平，同时能够激发学生的潜力。这决定了思想政治教育过程的长期性。人的知情意行之改变是长期积累的，教育过程需要持续进行，当然并不是简单重复地进行，而是要根据工作要求、受教育者的具体情况，持续多次地创新方式和内容等，从而进行全程教育；教育过程需要循序渐进，较好的思想品德和较高的思想政治素质都不可能通过跳跃式发展获得，而要通过分类分层的系统教育，逐步引导受教育者达到教育要求。

2. 教书育人规律

教书育人包含诸多要素，也可以从多种维度去阐释其规律，最根本的是教书育人的目的、内容以及与之相关的规律。教书育人的目的指向的是“培养什么人”，党和国家在新时代为这一问题指明了方向——培养德智体美劳全面发展的社会主义建设者和接班人。课堂是育人主阵地，教书是育人主渠道，教书与育人不是泾渭分明的，而是浑然一体的。培养目标或者说教育目标又决定了教书育人内容的规律，也就是德育与智育，德育处于优先地位。德育与思想政治教育不能等同，前者包含后者。

3．学生成长发展规律

大学生成长是主体建构过程，全程育人主要遵循了如下规律：其一，大学生需要成长，也就是说，成长这一需求不是教育者强加的，而是大学生的内在需要。成长需求包含价值观念、思想品德、政治素质、知识能力、心理素质等。大学生正处于“拔节孕穗期”，较之其他人群，其成长需求更为迫切。全程育人不仅可能，而且必要，在满足学生合理的成长需求的过程中，也达成了引导学生成长的育人目标。其二，大学生是学习的主体、生活的主体，更是成长的主体，通过主体的自主建构过程实现成长发展。这样一种自主建构的过程，是主体与过去的主体之间，与外在的人际环境、物理环境、社会环境、网络环境等交互影响的建构过程。主体具有的思想基础以及外在的诸种环境中既含有积极的“主旋律”，也含有一些“杂音”。动态变化、循序渐进的建构过程或者说成长过程决定了时时有育人、处处有育人。

（三）全方位育人：彰显公共责任特质

全方位育人提倡校内校外、课内课外、线下线上的多维共进育人。其中一个需要反思的重要问题是，高校之外的家庭、社会等为何也负有育人责任？这意味着育人不仅是高校的责任，也是一种公共责任，这由教育的本质和最高目的共同决定。学校、家庭和社会育人的同频共振，是对教育本质的遵从，也接受教育最高目的的指引。

1．教育的本质派生出家庭和社会的育人责任

教育的本质是影响人。德国存在主义哲学家卡尔·西奥多·雅斯贝尔斯（Karl Theodor Jaspers）认为，掌握一技之长、提高能力、增长见闻等都不是教育的本质，教育是一件极其严肃的伟大事业。《说文解字》中对“教”与“育”的解释分别是“教，上所施，下所效也”“育，养子使作善也”。教育的本质是教育者以良好的言行影响受教育者，使其成为完整的个体和能够推动社会发展的共同体成员。这里的教育者包含了学校、家庭、社会、国家等。学校是育人的殿堂，家庭是育人的源泉，社会是育人的沃土。就大学生教育而言，高校承载着国家的教育方针，有目的、有组织地进行专业化和体系化育人；家庭是以血缘为纽带的伦理共同体，亦是社会的最小单元，是教育的源头和源流，伴随受教育者的一生；社会以其文化、传统和习俗等影响受教育者，发挥其育人作用。家庭与社会对受教育者的教育，既是一种事实，更是从教育的本质派生出来的道德责任。

2. 教育的最高目的指引家庭和社会的育人方向

教育的最高目的是培养全面发展的人，其根本是道德教育。在这个意义上，德国哲学家约翰·弗里德里希·赫尔巴特（Johann Friedrich Herbart）认为，教育的最高目的是道德教育。① 其实，我国从古至今的教育观念亦是如此，这为家庭和社会育人指明了方向——好的德行。围绕好的德行对受教育者进行培养，才是负责任的家庭教育和社会教育。"孟母三迁"的故事，既体现出孟母是一位负责任的家庭教育者，也体现出社会环境对人的影响；岳母对岳飞精忠报国的教导，亦是流传千古。中国社会作为一个对受教育者负责任的社会，更应该持续主动地以社会正能量影响其成员，特别是青少年。

育人是一项系统工程，需要党和国家的有力指挥，需要全员的同心同向、全过程的持续培育、全方位的同频共振，履行共育德智体美劳全面发展的社会主义建设者和接班人的责任。

二、"三全育人"的提出背景

自从教育部发布《高校思想政治工作质量提升工程实施纲要》，并开始实施"三全育人"综合改革试点工作以来，"三全育人"这一概念已成为高校思想政治教育方面备受关注的话题。在学术界，围绕"三全育人"主题的文献呈现出快速增长的态势。教育部在后续发布的多项文件中提到了"三全育人"的概念，同时很多高校推进了"三全育人"的具体实施工作。目前已经有不少学者在探索高校如何实施"三全育人"，但很少有文章从历史的角度来考察"三全育人"这一理念的起源与演变过程。所以，我们需要对"三全育人"思想的渊源和演变过程进行探究，以便相关学者和高校工作人员能够了解其历史背景，更深入地了解政策的内涵以及促进政策的实施。

2004 年，中共中央、国务院印发的《关于进一步加强和改进大学生思想政治教育的意见》（中发〔2004〕16 号文件）虽然没有明确提出"三全育人"的相关表述，但是对课程育人、文化育人、网络育人、心理育人、资助育人等三全育人的主要工作提出了详细指导意见。2005 年 1 月召开的全国加强和改进大学生思想政治教育工作会议首次在中央层面的会议上提到"三全育人"的完整表述。2005 年教育部发出了三份通知贯彻相关文件和会议精神，2009 年再次发出通知，要求

① 凌淑莉．赫尔巴特道德教育思想的理论意蕴与实践启示[J]. 社会科学战线，2021（7）：240—245.

全国普通高等学校就贯彻落实中央16号文件精神情况展开自查。2010年，教育部发出通知对进一步加强和改进研究生思想政治教育工作提出了指导意见。在这些文件中都可以找到“全员、全过程、全方位育人”的表述。

2010年之后，“全员、全过程、全方位育人”的表述开始出现在思想政治教育主题以外的其他文件中，如有关高等教育质量、教师、职业教育、民办教育、西部计划的文件中，这也说明教育部开始有意识地在各方面工作中强调思想政治工作，努力构建全员全过程全方位育人格局。

2016年12月，全国高校思想政治工作会议在北京召开，中共中央总书记、国家主席、中央军委主席习近平出席会议并发表重要讲话。2017年2月，中共中央、国务院印发《关于加强和改进新形势下高校思想政治工作的意见》，这份文件将“坚持全员全过程全方位育人”作为加强和改进高校思想政治工作的一条基本原则确定下来。同年12月，教育部印发《高校思想政治工作质量提升工程实施纲要》，该纲要可以视为指导高校构建思想政治工作质量体系，形成全员全过程全方位育人格局的纲领性文件。2018年5月发布《教育部办公厅关于开展“三全育人”综合改革试点工作的通知》（教思政厅函〔2018〕15号），并在当年10月中旬公布了试点单位名单，共遴选产生5个“三全育人”综合改革试点区、10个“三全育人”综合改革试点高校、50个“三全育人”综合改革试点院（系）。在公布首批“三全育人”试点单位名单后，2018年10月下旬又发布了《教育部办公厅关于开展第二批“三全育人”综合改革试点工作的通知》（教思政厅函〔2018〕37号），并在2019年1月公布了第二批试点单位名单，共包括3个省（区、市）、15个高校、42个二级院（系）。另外，教育部还将大学生思想政治教育质量提升工程和“三全育人”综合试点改革工作融入高等学校“双一流建设”、中国特色高水平高职学校和专业建设计划以及本科教育和职业教育的人才培养中。

综合以上分析，“三全育人”在政策层面的发展经历了一个从政策提法到具体政策的过程，其涉及的政策文件主体范围也从专门的思想政治教育扩展到高等教育的各个主要方面。

第二节 “三全育人”的理论支持

“三全育人”的理论基础十分深厚，它汲取了理论精华并将其运用于实践中，从而保持着强大的生命力。

一、系统论

系统包含了众多变化要素之间的联系与互动，整体的价值超越了单个要素的价值，从而使得应用于现实的“三全育人”模式不断升级与完善。系统论认为，各要素之间相互关联、相互作用，整个系统的特性和效用不仅由单个要素的简单相加决定，而且有独特的属性和方式。在系统中，要素与整体之间既有联系又有差异，因此系统的重点在于突出整体的作用，强调相互关联和相互制约的各个要素组成的整体。系统论采用的思考方法是将“三全育人”视为一个整体系统，从系统的构成和功能出发，研究系统、组成要素以及环境之间的关系和变动规律，并且从优化的视角去审视问题。此外，系统还有与周围环境进行物质等交换的特性，这种开放性不仅是系统进化的基础，也是它在稳定状态下运转的必要条件。相互作用是系统中的要素互相联系的原因，在“三全育人”进程中，要协调所有育人要素，以实现系统的整体性功能，整合各种资源，从而实现共同参与和完成育人任务。“三全育人”是一个综合性系统，其中各个组成部分之间相互关联且相互影响，在整个体系中产生了反向作用力，从而促使整体系统发挥最大效能，提高德育工作的实效性。

（一）系统论整体性原理

系统论整体性原理表明，一个系统是由许多不同的元素组合而成的，这些元素相互作用产生新的功能，形成一个有机整体。当这些元素结合在一起形成系统整体时，它们就具有了独立元素所没有的性质和功能。新系统的规律性导致整体的性质和功能不同于其各个组成部分性质和功能的简单相加。系统工程是从系统层面出发，通过设计和实施整体性方案来实现设计目标。这里增强了系统完整性的重要性，系统最基本的特征之一是整体性，也就是说，一个系统必须具备整体性才能被称作系统。

要素活动对系统功能具有重大的影响，系统功能最终都源于系统内各要素之间的互动。社会是一个庞大的系统，而道德只是这个系统中的一个组成部分，它相对于整个社会系统来说只是其中的一个要素。而道德又是由多个要素组成的，构建成道德系统。与社会大系统类似，道德系统也是一个开放的、复杂的、不断变化的系统，超出了任何组织或个体的范畴。所以，推行德育是一个系统工程，需要各方的协作与支持，并且必须整合多种资源，共同合作以发挥系统的完整功能。“三全育人”德育模式的核心思想是将各种德育要素有机地融合在一起，相互关联、相互作用，形成一个综合性的德育系统，以达到最佳的德育效果。

（二）系统论开放性原理

系统论开放性原理指的是系统不断地与外部环境进行物质、能量和信息的交换，这个过程对于系统的发展和稳定都是非常重要的。系统只有不断地与外部环境交换，才能维持稳定，发展壮大。我们所处的世界是开放的，各种系统以各种形式展现，无论其是物理系统、化学系统、生物系统还是社会系统，都在持续地开放着。所有系统都与环境相互作用，没有与环境彻底隔绝的系统存在。19 世纪的自然科学已经证实，一个系统若处于封闭状态且与外界完全隔绝，那么该系统会自然而然地走向无序熵增，最终陷入“死亡”状态。系统与周遭环境的相互联系在现实世界中不可避免的，这是系统的开放性导致的。系统的发展演化是由内在因素和外在因素共同影响、相互作用而形成的。信息概念变得前所未有的重要，这是由于科学和社会的发展所推动的。随着互联网的兴起，地域和国界的限制被打破，信息传播和交流变得非常容易和迅速。这让世界各地之间的联系变得更加密切，整个世界不再是一个封闭的系统。我们的德育系统也不再是一个封闭的系统。在当今开放多元的社会环境中，互联网等通信手段的广泛应用使得学生更容易获得信息，尤其是对那些身体和心智尚未完全成熟的学生来说，外部环境的影响更加显著。此外，大学培养的人才最终会进入社会，为推进社会主义现代化建设和促进社会进步贡献力量。为了保证培养的人才能够适应社会环境的开放性和多变性，并且与社会发展形成良好的互动，高校需要以开放、动态的方式审视德育系统，以提高它的适应性和实际效果。

二、思想政治教育的协调控制理论

协调控制原理是思想政治教育理论中的一种控制方法，旨在通过协调各种因素和变量之间的关系，达到最好的控制效果。在进行思想政治教育时，教育者需要平衡各方面和各阶段的影响，既要促进发展，又要避免自发的负面影响，并让二者得以良性互动。教育者和受教育者都应该积极主动地合作和协调，需要考虑到涉及的各个方面和不同问题，并对自发影响进行协调控制，这个过程是复杂而开放的。所以教育不是单方面的事情，而是需要教育者和受教育者共同协作才能完成的使命。

“三全育人”是一个复杂的过程，其中包括许多相互作用的矛盾和挑战。这些矛盾涵盖教育的需求与社会环境之间的矛盾、教育者和受教育者之间的矛盾以及其他方面的矛盾。在注重培养思想道德素质的要求下，思想政治教育需要贯彻

“三全育人”教育理念，并在教育机制上加以落实。在实施“三全育人”的过程中，教育者与受教育者之间建立了一种互动的教育关系，不再是单向的教师对学生的传统模式。受教育者有机会参与到教育活动中，选择自己感兴趣的教育内容，实现自我认知和自我消化。“三全育人”贯穿在学生成长成才的全过程中，并考虑到不同阶段受教育者的身心发展，根据不同的需要提供不同的教学内容和方法，展现了协调控制原理的核心概念。

思想政治教育作为一门学科，也有着独特的体系和规律，其中协调控制律是其具体规律之一。协调控制律是指在思想政治教育中，教育者既要保持各方面、各类型、各阶段的自觉影响，又要掌握各方面、各类型、各阶段的自发影响。只有达到协调自觉影响与控制自发影响的辩证统一，才能够有效地进行教育。

思想政治教育过程是一个包含众多因素的动态过程。在这个过程中，会出现各种矛盾，这些矛盾不断交织，将直接影响教育的成效。所以，在进行思想政治教育时，必须充分认识到这些相对立的矛盾关系，并提前协调控制，以确保思想政治教育能够起到协调一致的作用。

（一）德育立足社会现实

高校必须坚持正确的政治方向，制定思想政治教育的目标、内容与任务时要充分考虑我国的国情。同时，在举办思想政治教育活动时，应紧密结合社会发展的实际需求。所以，高校必须正确把握社会需要、社会形势以及社会发展的方向，及时安排教育任务与要求，并将实践教育活动与理论教育相结合，以防止思想政治教育与社会实际需要脱节。“三全育人”德育模式是为了弥补现实德育的缺点、满足新时代德育发展需求以及符合党和政府的新要求而构建的，它是一种致力于处理现实问题的德育模式，并且顺应社会发展的方向。鉴于我国的实际情况，这是一种理论和实践相联系的模式。

（二）协调社会、学校、家庭三方关系

思想政治教育应保持社会影响、学校教育和家庭教育三者之间的统一性。社会影响是指那些直接或间接影响大学生的社会环境中，包括但不限于互联网、报纸和电视等大众媒介对大学生的影响。这些影响通常是有意识地进行的教育，以帮助大学生更好地适应和融入社会。随着网络的广泛使用，之前封闭的世界状态被突破，使得信息的传递和交流变得更加方便和迅速。大学生正处于人生观、世界观、价值观尚未明确的阶段，因此很容易受到周围环境的影响。学生在学校接

受的思想教育与大众媒介传递的某些观念不太一致，这可能导致社会影响、学校教育以及家庭教育之间不协调，从而影响教育效果。“三全育人”德育模式是一种广泛的德育观，其最大优点在于动员全体人员参与德育，利用一切德育资源以实现德育，增加育人途径，采取家庭教育、学校教育、社会教育一体化的教育方式，使显性德育与隐性德育相互配合，加速育人工作的进展，将德育贯穿于生活、学习和社会生活等各方面，形成一个强大的德育合作机制，提高教育实际效果。

（三）实现协调自觉影响与控制自发影响的辩证统一

思想政治教育应该在协调自觉影响和控制自发影响之间做到统一和平衡，确保前后一致。社会的进步是阶段性的，不同阶段的矛盾也有各自的特点。因此，思想政治教育必须根据社会发展的要求做出相应的调整，针对不同阶段的特点做出改变。然而，在突出教育重点的同时，也需要保持思想政治教育内容的连贯性和一致性。这意味着除了注重重点教育外，还要保证教育的系统化、规范化。“三全育人”教育理念中的“全程育人”注重贯穿大学生思想政治教育的全过程，针对不同成长阶段的教育内容，除了侧重于关键点之外，还注重使思想政治教育贯穿大学生成长的始终，这也是思想政治教育前后连贯的体现，是遵循思想政治教育协调控制律的表现，其内涵符合思想政治教育的协调控制律的内容。

第三节 新时代高校“三全育人”环境分析

无事不与环境相联系，环境是“三全育人”教育系统中不可或缺的要素。马克思指出，人创造环境，同样环境也创造人，人的价值观正是在一定的环境中形成和发展起来的。不论是人的生存发展，还是“三全育人”的形成与发展，都离不开环境。

一、“三全育人”的宏观环境

宏观环境是指包括政治、经济、文化等方面的大环境，是一种能对人的思想行为与“三全育人”建设产生影响的社会环境。它独立于人的思想和精神领域之外，具有客观实在性。高校“三全育人”建设宏观环境是物质的、客观的，我们必须将其与实践活动相结合去确证、去理解，而不是只从直观感觉层面认识。“三全育人”建设宏观环境为“三全育人”建设提供了实践条件和时空环境，为“三全育人”建设顺利开展奠定了基础。

（一）经济环境与高校“三全育人”建设

1. 经济环境影响着高校“三全育人”建设

（1）经济环境决定着高校“三全育人”建设的水平

马克思主义实践观告诉我们，经济的不断发展能促进人们生活质量的提高，满足人们的生存和发展需要，客观上刺激了人们对精神文化生活的需求，从而进一步提高高校的“三全育人”水平，使学生形成正确的人生观和价值观。

（2）经济环境引导着高校“三全育人”建设的方向

不同的经济社会对应不同的统治思想。例如，在封建社会，封建地主统治阶级将育人建设作为实现统治的隐蔽手段，将“君权至上”的思想观念贯穿于育人建设始终。并且这种育人建设的定位仍然比较模糊与主观，在历史发展中还未获得独立地位。中国共产党在长期的革命实践斗争中充分认识到“三全育人”建设的重要性，将党的思想政治工作定位为其他一切工作的生命线、团结全党进行伟大政治斗争的中心环节。中华人民共和国成立后，经济发展水平有待提高，经济环境的不稳定导致“三全育人”建设工作受到各种因素的影响；直至改革开放以后，随着社会主义市场经济体制的建立，我国的经济环境得到了前所未有的发展，分配方式、所有制形式、社会组织形式等的发展，一方面使人们的物质生活得到极大的改善，另一方面促进了思想价值观念的多样化。

在新的经济环境下，“三全育人”建设需要重新寻求自身发展的新方向，我们党在总结“三全育人”建设过程中遇到的问题，认真分析研究我国对高校“三全育人”建设的定位后，为我国当前经济环境下的“三全育人”建设指明了发展的方向。高校“三全育人”建设只有紧紧围绕当前经济环境中的社会主义市场经济体制建设这个中心，才能为社会发展提供各方面的保障，使“三全育人”建设焕发出新的生机和活力。

（3）经济环境主导着高校“三全育人”建设的发展运行轨迹

传统的“三全育人”建设主要是以行政主导的方式运行，也就是说，通过行政命令的方式，将全部“三全育人”建设资源自上而下地进行配置。在这样的运行方式下，高校“三全育人”建设不可避免地带有浓厚的行政色彩以及主观意志。中华人民共和国成立以后，在高度集中的计划经济环境的影响下，“三全育人”建设的运行方式主要是标准行政式，与当时的社会发展相适应，促进了“三全育人”建设的发展。但随着时代的发展，经济环境也发生了很大的变化，经济体制转变为市场经济，这种僵化而单一的“三全育人”建设运行方式也必须随之改变，以更好地适应社会发展的需要。高校“三全育人”建设运行方式的转变必须遵循经济环境发展的客观规律，其运行机制必须与市场经济体制相适应。相关部门应充分响应经济环境对“三全育人”建设的需求，将社会资源引入高校“三全育人”建设中，调动社会各方面的教育力量，形成社会合力，使“三全育人”建设形成高效化、规范化、制度化以及社会化的新运行轨迹。

2. 经济环境对高校“三全育人”建设的积极意义

高校的“三全育人”经济环境主要由生产方发展水平、生产关系、人们的经济观念以及当前所处的经济制度、科学技术水平等要素构成，影响和制约着人们的思想政治意识的形成和发展。经济环境是环绕在人周围的物质经济要素总和，具有客观实在性。

高校的思想政治水平是建立在良好的经济基础上的，为促进经济环境的良好发展，最根本的是要解放和发展生产力，摒弃生产关系中的各种不合理因素，解决好各个利益群体之间的矛盾与冲突，使高校“三全育人”建设有坚实的经济后盾，避免成为“镜中花，水中月”。

（1）生产力水平夯实了高校“三全育人”建设的物质基础

人们的物质生活水平是由生产力决定的。当生产力水平低时，人们的物质生活水平就不高，只限于满足于基本的生存需要。但是当生产力发展到较高水平时，人们在满足基本生存需要的同时，更进一步追求精神文化的提高，在客观上促进了精神文明建设，增加了人们对高校“三全育人”工作的期望值。随着中国特色社会主义市场经济体制的完善，社会生产力不断增强，这为“三全育人”提供了更多的发展机遇。人民的物质生活水平也得到了极大的提高，社会环境变得更加繁荣和活跃，这为高校“三全育人”建设提供了优越的外部条件和坚实的物质支撑。

（2）生产关系指明了高校“三全育人”建设的大方向

当前，我国实行以公有制为主体、多种所有制经济共同发展的所有制形式，这是高校“三全育人”建设的基础。改革开放以来，我国所有制关系的重新确立引起了高校“三全育人”建设的内容、形式、方式、目标等的转变，从而进一步引起了人们思想观念、道德规范、政治立场、价值取向的变化。经济所有制关系是高校“三全育人”建设经济环境的核心内容。生产关系是人们在物质资料生产和再生产的过程中结成的相互关系，必须借助现实的经济过程才能实现。在资本主义社会，生产关系以私有制为基础，社会成员为追求个人利益而忙碌，当个人利益在与社会利益、他人利益发生冲突时，首先选择的是个人利益。我国是以公有制为主体的社会主义国家，人与人之间的利益从根本上来说是一致的，人们在追求自身利益的同时，也会估计他人利益和社会利益，各个利益群体之间不存在不可调和的矛盾。由此可见，生产资料所有制关系对高校“三全育人”建设起着决定性的影响，而我国以公有制为主体、多种所有制经济共同发展的所有制形式决定了我国高校“三全育人”建设的社会主义性质，为高校“三全育人”建设指明了方向，提供了良好的发展条件。

(3) 科学技术推动了高校“三全育人”建设的新发展

科学技术是第一生产力，是精神文明建设的重要基石。科学技术的发展不仅能促进社会经济的发展和进步，还是高校“三全育人”建设经济环境的主要内容，更是在客观上为高校“三全育人”建设水平的提高提供了先进的物质基础和技术保障。随着第三次科技革命的开始，进行“三全育人”建设的手段、方式、形式越来越多样化、先进化，“三全育人”工作开始借助更多的物质手段和载体。计算机网络的飞速发展是第三次科技革命的重要标志，“三全育人”建设呈现信息化、网络化的发展模式，促进了高校“三全育人”建设功能的发挥，提高了高校“三全育人”建设的效果，推动了“三全育人”建设的现代化发展。

（二）政治环境与高校“三全育人”建设

政治环境是社会环境的重要组成部分，是直接与高校“三全育人”建设紧密联系、关系密切的环境，一头连着人的思想政治素质，另一头连着整个社会环境，对高校“三全育人”建设具有深刻的影响。

1. 政治制度对高校“三全育人”建设的影响

政治制度是统治阶级通过组织政权以实现其政治统治的原则和方式的总和。我国是人民民主专政的社会主义国家，代表的是广大人民的利益。但人民要想更好地当家作主，行使权利、履行义务，就必须提高自身的文化修养、道德修养、政治修养等。人的全面发展是社会主义社会的本质要求，但要实现人的全面发展目标不能一蹴而就、盲目推进。我国正处于社会主义初级阶段，更应该重视人的全面发展，将其作为奋斗目标，在不断满足人们的物质与文化生活需要的同时，着眼于促进人们整体素质的提高。

在这样的政治制度背景下，一方面，有助于促进人民主人翁意识、责任感的形成，使其形成良好的思想品德；另一方面，社会主义的本质要求促使政府不断加大对高校“三全育人”建设的重视程度与投入程度、促进了“三全育人”建设的发展。

2. 政治体制对高校“三全育人”建设的影响

政治体制是政治制度的表现，是指一个国家以何种组织制度形式组织国家政权，对“三全育人”建设的整体方向有着重大的影响。我国实行的是人民代表大会制度，它是我国人民当家作主的根本政治制度。在这种体制下，我国人民群众的言论相对自由，有更多的机会表达自身意愿。从长远来看，这种体制更能适应人的需求和思想变化发展规律。对高校“三全育人”建设来说，这种体制环境更是其发展的“良性土壤”，在这种“土壤”的影响下，高校“三全育人”建设必定会迈向更为广阔的空间，获得历史性的发展。

3. 政治现状对高校“三全育人”建设的影响

目前，我国学生群体的思想觉悟已经有了显著提高，高校“三全育人”建设活动取得实效性进展。但由于我国还处于社会主义初级阶段，社会主义政治制度、政治体制还需要经过不断发展和完善，并且这一过程将贯穿社会主义初级阶段始终，因此在发展、完善的过程中，政治制度在具体实施时可能会产生一些问题，由此形成的现实状况制约了“三全育人”建设活动的开展。

当前，我国社会主义法治有待完善，各项制度建设还有待加强，不能充分体现人民的主人翁地位和当家作主的权利，在这种政治现状下，“三全育人”建设面临的是一个复杂的社会环境。我国目前的社会现实警示我们，要想实现高校“三全育人”建设良性发展的目标，就必须大力建设和完善社会主义制度，加强社会主义经济建设和政治建设，保证政治生活有序进行。

（三）人文环境与高校“三全育人”建设

1. 人文环境对高校的积极影响

（1）优化学生的内在认知图式

认知图式是学生在以往的学习和实践活动中逐渐构建而成的，具有相对稳定性的意识因素的总和。大学生的认知图式具有某种稳定性，但绝不是僵化不变的，它处于不断的变动中。大学生正是以自己的内在认知图式为基本依据，决定自己对思想政治理论教育内容的具体取向，决定自己是认同、同化还是拒绝、排斥“三全育人”教育的内容。一个能与“三全育人”教育形成良性互动的人文环境，所蕴含的人文因素将会推动大学生内在认知图式朝着有利于接受教育内容的方向改造和强化。而这种改造和强化又会使他们自觉选择相应的教育内容，认真理解“三全育人”教育内容的重要内在条件，进而促进“三全育人”教育活动的正向展开和良性运行。

（2）优化学生的知识准备基础

高校“三全育人”要对大学生进行专业知识教育，更重要的是对大学生进行综合素质教育。当前，我国高校教育内容体系有待完善，这在一定程度上成为影响高校“三全育人”教育效果的重要因素。一个能与高校“三全育人”形成良性互动的人文环境，能够给大学生提供与“三全育人”教育内容同质、同性的新信息，从而形成新的知识推动基础，使高校能够以更广的视域、更深刻的思维力来理解“三全育人”内涵，不断扩展、深化并构成“三全育人”教育内容体系，从而推动“三全育人”的持续进行。

（3）优化学生相应的需要动力系统

大学生的接受活动是在相应的需要动力系统的支配下进行的，需要动力系统在个人接受活动发展的过程中不断地提供接受动力。随着高校接受行为的发展，以及大学生对教育内容及其背景意义认识的不断深化，其需要逐渐由不甚明显向愈益强烈的方向发展。构成需要动力系统的另一重要因素——情感也需要具有因变量的身份，它在发挥对学生认识活动的调节、调动作用的同时，也随着认识的深化而不断得到调整。一个能与“三全育人”教育形成良性互动的人文环境，能为德才兼备者提供用武之地，使学生由于相应的需要被满足而产生更高层次的需要，从而对其发展、教育目标的实现产生强有力的、持续不断的驱策作用。

（4）增强学生的自我教育能力

自我教育能力是学生自觉地进行自我提高、有效地进行意识活动和实践活动的基础。能否引导学生形成自我教育能力，或使他们既有的自我教育能力得到进一步增强，是判断高校“三全育人”教育实效性的一个重要标志。高校“三全育人”不仅要增强学生接受教育的针对性、实效性，更重要的是增强学生自我教育的自觉性、主动性，使学生从被动接受教育走向主动自我教育。一个能与“三全育人”教育形成良性互动的人文环境，可以使学生根据社会对个体的思想政治素质要求、社会个体或群体良好的行为示范，形成“自我意象不符”意识。所谓“自我意象不符”，即学生认识到的自己思想行为方面的实然状态与应然状态之间的差距，“自我意象不符”意识会使他们向“自我强迫性教育”即自我教育意识与冲动转化，自我设定应该达到的思想政治素质的理想状态以及自我发展的目标。由此，高校的“三全育人”教育就由外化转化为内化，对于构筑以自我教育为主体的“三全育人”教育模式具有重要的现实意义。

2. 高校“三全育人”教育人文环境建设

在高校“三全育人”教育人文环境建设中，应做到以下几点。

第一，坚持系统论中关于整体性和关联性的原则，把参与高校“三全育人”教育人文环境建设的各方面力量组织好、部署好，形成思想统一、步调一致的整体，从而发挥各方面力量在高校“三全育人”教育人文环境优化中的整体效应，以形成合力。

第二，在高校“三全育人”教育人文环境建设的过程中，要考虑环境差异、学生思想和行为的不同层次，有针对性、分层次地建设人文环境，尽可能地关照到全体学生，从而确保在加强人文环境建设的过程中从实际出发，区别对待，提高针对性和有效性。

第三，在高校“三全育人”教育人文环境建设中，要根据高校“三全育人”教育的目标，在深入调查研究的基础上制订建设高校“三全育人”教育人文环境的计划，对建设高校“三全育人”教育人文环境的任务和要求、步骤和进程、方法和途径等做出具体的安排和部署，保持环境建设的连续性和稳定性。在建设高校“三全育人”教育人文环境的过程中，会出现新情况、遇到新问题，这就要求教育者在实施计划的过程中不断研究新情况、解决新问题、探索新经验，在保持计划相对稳定的基础上，依据情况变化做出适当的调整和修正。

第四，高校“三全育人”教育人文环境建设应该追求实际效果，避免走向形式主义。人文环境建设的根本目的是促进高校“三全育人”教育的顺利进行，为教育对象综合素质的提升创造良好的环境，不是为了建设而建设。

（四）社会环境与高校“三全育人”建设

1. 高校“三全育人”教育的社会环境分析

（1）国际社会环境

国际社会环境是指一定时期内的时代主题、重大事件、国际格局和发展态势。国际社会环境对马克思主义理论和高校“三全育人”教育产生直接的、重要的影响。

①政治环境

首先，时代主题的变化为马克思主义理论教育提供了相对稳定的国际环境，但开放的国际环境也使马克思主义理论教育的必要性受到部分人的怀疑。自 20 世纪 80 年代开始，和平与发展成为时代主题，经济建设和社会发展成为国际社会环境的主流。和平与发展的时代主题客观上减轻了来自帝国主义国家的政治和军事压力，缓解了国际紧张局势，使我国能集中精力干自己的事情。我国在把社会主义建设事业不断向前推进的同时，把马克思主义理论教育不断推向普及、系统、深入。与此同时，随着经济全球化程度的不断加深，不同国家的文化相互碰撞、相互融合，使得国与国之间的沟通和理解更加容易，借鉴对方在思想文化、生活方式以及经济和社会制度方面的优秀成果也更加方便，同时有助于不同制度的国家在交往中逐步制定和形成一些彼此都认可的价值观念和行为规范，如法治、诚信、博爱、自由和民主等观念。但是，在新形势下，以综合国力竞争为主要形式的国际斗争，也给马克思主义理论教育的社会需求带来了一些负面影响。这种大环境使高校“三全育人”教育主体对教育内容的选择、组织以及教育对象对马克思主义理论的关注点发生变化。

②经济环境

自 20 世纪 90 年代以来，全球化发展已成为世界经济的一大显著特征，并且其速度不断加快。经济全球化囊括全球范围内的贸易、投资、金融和生产等一系列经济活动。全球化是当今世界的发展趋势，也是世界活动中最为重要的特征之一，它正日益影响着各国、各地区的政治、经济、文化，并为其提供新的发展平台。中国作为国际社会的重要一员，也是全球化过程中的受益者。

这种经济全球化背景给高校“三全育人”教育带来了机遇，但也施加了一定的压力，经济全球化的实质是发达资本主义国家的新一轮对外扩张。西方资本主义国家为了在全世界掠取更多财富，最大限度地配置资本，借其经济、科技、传媒、政治、文化以及在国际机构中的优势，大力操纵以资本和贸易自由化为主的经济全球化进程，这使得我国在进行马克思主义理论教育时承受了一定的国际压力。随着与世界经济的接轨，我国必须向世界经济、政治组织让渡部分权利，这在某种程度上模糊了国家界限，冲淡了民族观念和民族文化。

③信息环境

在经济全球化的背景下，网络信息化成为这个时代的一大特点。互联网具有的及时性、综合性、开放性和虚拟性等特点，给高校“三全育人”教育既带来了新的发展机遇，也带来了严峻的挑战。

在信息化时代，互联网是全球信息共享的主要载体。互联网被视为一个外部和内部舆论的重要战场，也是人们获取国际动态和信息的新途径。新兴的多媒体技术为高校“三全育人”教育提供了更广泛、更有吸引力、更感染人心的传播途径，从而使教育方法更加多样化。除了教育方面的综合作用外，网络技术的特性也可以为高校“三全育人”教育提供更广泛的发展空间。通过全球网络资源，高校可以为学生提供更加丰富的学习和交流平台。同时，互联网在政府和社会之间也扮演着纽带的角色，让公众更加便利地表达自己的意愿和需求。这样做将进一步巩固新时代高校“三全育人”教育的政治优势。此外，在信息化时代的背景下，我国高校“三全育人”教育具有独特的文化优势，并将更加有效地展示本民族文化的魅力，进一步激发大学生的民族文化意识，并向世界展示我国的独特文化。

（2）国内社会环境

①社会主义市场经济体制的建立

高校“三全育人”教育的实施受到社会经济条件的制约，主要涉及物质资料生产方式、生产力以及生产关系等方面。从物质利益的角度来看，鲜明的社会经济条件对高校“三全育人”教育产生了深远的影响。自改革开放以来，我国经济一直保持持续、健康和快速发展的态势，同时取得了人民生活质量显著提高的成就。考虑到社会主义初级阶段的基本国情，我国逐渐调整了所有制结构，坚持以公有制经济为主体、多种所有制经济共同发展的基本经济制度，建立了社会主义市场经济体制，这进一步推动了社会生产力的提升。经济体制的转变使人们生活的多个方面发生了变化，更使高校“三全育人”教育面对的环境发生了深刻变化。

第一，市场经济体制给高校“三全育人”教育带来了一些负面影响。负面影响主要是市场经济对马克思主义理论教育和大学生的思想认识、观念等方面带来的不利影响，关于这一方面，不同的学者有不同的认识，但大致有以下几方面：一是有政治热情，但存在模糊认识；二是价值趋向重视物质利益，以自我为中心；三是参与意识增强，但心理素质有待提高；四是有强烈的求知欲，但易顾此失彼。在经济转轨条件下，传统马克思主义理论教育也出现了一些问题：传统的马克思主义理论教育工作的职能与当今社会现实的要求不相适应，存在一定滞后性；传统的思想道德规范与人们的思想实际不相适应；传统的马克思主义理论工作的方法手段与当今人们内在精神世界的发展不相适应。

第二，市场经济体制给高校“三全育人”教育带来了一些机遇。这里的机遇主要是指市场经济环境对大学生思想的积极影响：大学生享受着改革开放带来的物质和精神方面的伟大成果，进一步增强了对建设中国特色社会主义的决心和信心；给传统的高校“三全育人”教育注入了新的活力，丰富了高校“三全育人”教育的内容，为改进和加强高校“三全育人”教育提供了新的思路；促进了大学生竞争意识、自主意识、开放意识、法治观念的增强；使大学生更加关注社会的诸多实际变化和现实问题；使大学生普遍认同中国特色社会主义理论实践，认同中国改革开放以来所取得的成就。

②社会政治形势

从国内形势来看，我国正处于改革的关键时期，社会发生了各种复杂而深刻的变化。经济利益、分配方式、社会组织、生活方式、就业形式等方面都呈现出多样化的趋势，民主的价值观也在日益多元化。

社会结构的改变是当代我国最重大、最基本的变革之一。社会分层结构的变迁是引起社会结构变迁的核心。

一方面，随着我国市场经济制度的逐步确立，原有的“两个阶级、一个阶层”发生分化与重组，社会的层级结构越来越细致，也变得更加多样化、更具有开放性。这导致对各种改革措施的期望和评估因不同的社会地位和获得的收益而出现差异和分歧，人们都渴望获得更多的表达意见和获益机会。这些情况可以培养社会成员的独立政治人格，提高其参政意识及能力，并促进更自由、民主的社会政治环境的形成，有助于促进当代中国政治文明的建设。

另一方面，社会阶层不断分化，使得社会利益关系更为复杂，人们的思想观念、价值观念，生活观念等也日益多元化，以后很难用同一种尺度去要求和规范思想观念、价值取向日趋多元的利益群体，马克思主义理论教育的层次性更加明显和细化，价值导向功能面临重大考验。这说明，加强和改进大学生马克思主义理论教育已是非常紧迫的任务，必须引起高度重视。

2．社会经济环境对高校“三全育人”教育的影响

经济环境是影响高校“三全育人”教育环境最基本的因素，它包括社会经济制度和社会经济生活条件。其中，社会经济制度是指人类社会一定历史发展阶段上占统治地位的生产关系的总和，包括生产资料所有制形式、由此产生的人们在生产中的地位和相互关系以及由以上两个方面所决定的产出的分配形式。社会经济制度也叫社会经济形态、社会经济结构。社会经济环境是社会物质生产活动赖以存在的基础。

我国社会生产力发展水平决定了社会对高校“三全育人”教育的要求，所以经济基础直接决定着高校“三全育人”教育的发展水平。不同性质的社会经济环境对人的“三全育人”品德的要求不同，对人产生的影响也不同。同时，社会经济环境通过对环境中的政治因素、文化因素的影响，间接地影响人的“三全育人”品格的形成和发展。

3．社会政治环境对高校“三全育人”教育的影响

社会政治环境是指环绕社会成员的社会政治境况，它是形成政治观的外在重

要因素，也是实现政治社会化的客观条件。社会政治环境包括政治制度、政权性质、政治体制、政治思想和政治准则等。政权制度、政治性质决定着公民在社会生活中的政治地位、政治意识、政治理论、政治纲领，规范着公民的政治行为，并影响着公民的政治思想观念。每个人处在一定的政治环境之中，必然要受政治环境的影响和制约。

《中华人民共和国宪法》（以下简称《宪法》）规定，中华人民共和国是工人阶级领导的，以工农联盟为基础的人民民主专政的社会主义国家。同时，《宪法》还规定了我国的根本政治制度是人民代表大会制度。我国的国体和政治制度对高校“三全育人”教育的影响最大。

4. 社会文化环境对高校“三全育人”教育的影响

文化是一种极其广泛复杂的社会现象，它承载、体现的是人类的经验、智慧、理想追求以及认识世界和改造世界的能力。文化由人们创造，且一经形成就会发展成为某种特定的模式。这种文化模式和文化传统会形成特定的社会文化环境氛围，通过各种社会形式渗透到学生的精神生活和物质生活中，潜移默化地影响和改变着学生的思想观念和行为方式。

归纳起来，文化大致的内容如下：包括世界观、理想信念、思维方式、宗教信仰、心理特征、价值观念、道德标准、认知能力在内的观念形态、精神产品、生活方式等方面的文化；具有物质的形式和精神实质的物化产品；包括人们的衣食住行、婚丧嫁娶、生老病死、家庭生活、社会生活等诸多方面的文化因素。这三个方面的内容也可以概括物质文化和精神文化，其中对人们的思想和行为直接起影响作用的主要是精神文化。

文化环境对学生思想品德的形成和发展具有重要的影响，它能促进学生形成共同理想和精神支柱。并且良好的文化环境能促进大学生提高文化素质，特别是思想政治素质。文化环境对人们思想品德形成和发展的影响，表现出广泛性、时代性、民族性等特点。

文化环境启示“三全育人”教育工作者要把握好文化认同机制，引导学生学习其他民族的优秀文化，消除不同文化的冲突，用全人类的文化来培养学生的品德。

5. 传媒环境对高校“三全育人”教育的影响

传媒环境是现代社会文化环境的一种。传媒是传播媒体的简称，又称“媒体”或“媒介”，指传播各种信息的载体。换言之，传媒是指信息传播过程中，从传播者到接收者之间携带和传递信息的一切形式的物质工具，可分为印刷媒体（如报纸、杂志和书籍等）、电子媒体（如电影、广播、电视、网络等），也可以分为报刊媒体、广播媒体、电视媒体和网络媒体。其中，报刊媒体、广播媒体、电视媒体为传统媒体，网络媒体为新兴媒体或“第四媒体”。

“传媒”一词，首次使用于美国图书馆协会的《战后公共图书馆的准则》中。现代科学技术的进步和传媒的普及对人们的衣食住行、婚姻、家庭、社会交往等方面的文化习惯产生了深远的影响，推动了社会的变革，同时在潜移默化中改变了人们的生产生活方式。

由于传播媒介具有传播信息、引导舆论、娱乐的功能，高校“三全育人”教育完全可以利用传播媒介来实现其目的。传播媒介对高校“三全育人”教育的影响特点主要有广泛性、引诱性、反馈性、被选择性以及导向性等。传播媒介的导向功能、传播强度和广度相结合，就会形成良好的舆论环境，而这种强大的社会舆论导向和舆论环境会使我国社会提倡什么、限制什么、反对什么、禁止什么变得显而易见，从而影响高校“三全育人”教育环境的形成和发展。

（五）高校“三全育人”教育宏观环境的优化措施

1．政治经济环境的优化

从经济方面来说，宏观环境的优化就是要大力发展经济，优化经济环境；从政治方面来说，就是要推进体制改革，加强党风廉政建设和反腐倡廉建设。高校“三全育人”教育的核心内容是政治观教育，其效果直接影响党风状况。所以，优化高校“三全育人”教育环境不能不加强党风廉政建设。此外，一些不良的社会风气影响了社会集体的健康发展，阻碍了良好社会风尚和个体健全人格的形成。因此，优化高校“三全育人”教育环境也不能忽视对社会风气的优化。

2．文化环境的优化

高校要想优化文化环境，必须适应经济体制改革、政治体制改革的新思想理念和文化理念。这需要将价值观教育作为文化活动的核心，通过促进文化事业的发展，持续让这些价值观渗透至文化领域，从而优化整体文化环境。优化文化环境还可以采取发展文化事业的方式，如兴建各类教育场馆和社会教育基地，同时将各类具有爱国主义教育意义的博物馆、纪念馆、展览馆、烈士陵园等对公众开放。政府、企事业单位应该提供措施和给予支持，例如，举办面向大学生的公益性文化活动等。

3．社会环境的优化

要想充分发挥高校“三全育人”教育的作用，需要社会大众传媒和舆论的支持，倡导优化社会环境。缺乏相应的社会氛围，高校“三全育人”教育将难以充分发挥作用。然而，现代社会的大众传媒融合了新闻、商业、娱乐和教育等多种元素，向全社会各个群体传递信息。为了有效实施高校“三全育人”教育，需要改善传媒环境，营造良好的教育舆论氛围。为了实现这一目标，高校需要坚持以下原则：科学教育，正确引导舆论，培养大学生高尚的精神品质。同时，政府应加强对大众传媒的监督管理，推动社会环境的净化和育人环境的改善。

二、“三全育人”的微观环境

（一）家庭环境与“三全育人”

家庭是社会的细胞，家庭是人生的起点，家庭是教育的启蒙，家庭对人的教育影响是终身的。研究“三全育人”的微观环境，必须探讨家庭环境。

1. 家庭教育环境的特点

（1）家庭教育影响具有终身性

在孩子的生活习惯、语言能力、行为表现、道德观念和个性态度的发展方面，家庭环境具有深远的影响，会在孩子成长过程中留下深刻的印记，这些印记对孩子的终身发展具有重要的塑造作用。

（2）家庭教育和家庭生活的统一性

家庭教育与家庭生活是合二为一、联于一体的。家庭教育并非像正式的教育一样有着严格的计划和体系，而是与家庭生活息息相关。教育和生活的一体化特性使家庭环境在潜移默化中对年轻一代的身心发展产生强大而持续的影响，最终使其形成相应的个性、态度和品行。

（3）父母对子女了解和影响具有针对性

“知子莫若父，知女莫若母。”与子女朝夕相处的父母可以通过子女的一举一动理清他们思想活动发展的脉络，在教育中可以因事指导、因时施教，具有很强的针对性。

2. 家庭文化对子女全面成长的影响

家庭文化包括家长的职业类别、家长的文化程度、家庭气氛、家长对子女的期望、家风等，这些都对学生的思想形成与发展有很大的影响。

（1）家长的职业及其文化程度

家长的职业是影响家庭教育的重要因素之一。不同职业带来的生活、工作方式不同，也会引发家庭环境、学习条件和氛围的差异。职业对父母的指导和教育方式产生了影响，进而影响了子女的学习成绩和全面发展。根据研究资料，家长的职业活动会对家庭成员感知社会信息的种类产生特定的影响，进而使其形成特定的思考习惯。值得注意的是，知识分子在教育子女问题上具有有利条件，如家长本身接受较多的学校教育、学科和工作融为一体、具有文化上的优势等，其子女在学习上往往能取得较好的成绩，从而影响到他们的个人发展。

家长的文化程度以家长所接受的学校教育水平为指标，在很大程度上决定着整个家庭的文化思想，也是影响子女学习成绩、品德面貌及抱负水平的主要因素之一。有调查结果表明，高等文化程度父母的子女的学习成绩与品德表现优于中等文化程度父母的子女，中等文化程度父母的子女又优于低等文化程度父母的子女。不同文化水平的家长对子女的关心、指导及教育的方式方法不同，带来了家庭文化生活、学习氛围及品德修养等方面的差别。

（2）家庭气氛

家庭气氛是由家庭成员的职业、收入、个性、文化程度以及相互之间的感情构成的。虽然家庭气氛是无形的，但它对家庭成员的影响是显而易见且深远的。

家庭是人类互爱的产物。家庭成员之间相亲相爱，家庭气氛会温暖和谐；相反，家庭成员互相猜忌，甚至钩心斗角，家庭气氛必定冷漠无情。因此，家长应不断提高自己的文化水平和思想修养，努力营造良好的家庭气氛，使孩子形成讲礼貌、爱劳动、守纪律、爱集体、热情、活泼、勇敢、正直、社会适应性强的健全人格。

（3）父母对子女的期望

期望可以被视为促使个体行为的一种决定性因素。父母的期望会刺激子女的成就动力，使其更加努力奋斗。期望是人们一种习惯性的心理想法。父母期望子女努力进取，因此子女有动力学习和保持一定水准。家长对子女的期望常产生一种强化作用，让子女深刻地感受到家长的关切和信赖，于是产生较持久的学习动力。子女将自己与家长所期待的形象作对比，调整学习方式与行为，从而影响到他们的学习成绩和思想。同时，子女的学习成绩和思想现状，也可反过来作为原因调节家长对子女的期望水平。

（4）家风

家风是指一个家庭在世代繁衍的过程中，通过言传身教逐渐形成的较为稳定的传统习惯、行为规范、处世之道和生活作风等，主要指一个家庭在思想意识方面的传统。家风不是通过人的生物性遗传形成的，而是通过有形的或无形的家庭教育传统保持、流传下来的。中国古代有众多家训之类的典籍，可以说是家风的文字记载，是有形的；而绝大多数家庭家风的保持和流传是无形的、无意识的。

家风形成以后，不仅会对当代的家庭成员有深刻影响，也会延续影响下一代人，往往世代相传，成为一种强力的、稳定的习惯势力。家风的影响相当深远，我们常说的“诗礼传家”“家学渊博”就是这个意思。

家风对子孙后代的影响是无形的，子孙后代接受这种影响是无意识的。而一个家庭的家风主要反映家长的作风或风格。家风的形成需要家庭所有成员的共同努力，但主要责任者是家长。因此，努力培养和形成良好的家风，给子女创造一个良好的生活环境，也是家庭教育成功的重要保证。

（二）学校环境与“三全育人”

1. 学校的物质环境

学校内的设施与设备都是校园物质文化的一部分，其中包括教学所需和生活所需的各项设施，如学校建筑物、运动场所与附带设备等。进一步细致地分组，如教室、实验室、办公室、图书馆等建筑内部设施，还有校园绿化、道路等周边环境设施。这些文化设施以实体形式存在，不仅是校园教学活动所需的地点和器材，还展现了学校独特的文化特点。校园的物质环境不同于工厂、农场、街道、机关，它以独特的风格和文化内涵影响着师生的观念、行为。学校的物质环境对学生的影响主要表现在以下两个方面。

（1）求知欲望的激励

学校建筑和室内外布置应充分体现教育理念，符合教育目标，激发学生的求知欲。为了保证日常教育活动的正常进行，学校应设立教室、教研室、办公室、实验室等场所。这些场所会悬挂名人画像和简介（包括科学家、学者、名人、政治家和英雄模范人物），并附有其名言。这样做有助于启迪学生的智慧，指导学生正确思考人生。

（2）优良品质的陶冶

学校建筑及各项设施，无论是古老的、传统的，还是现代的，都是现实的反映。传统的建筑意味着祖国发展的历史，可鼓励学生奋斗进取；现代的建筑有助于学生开阔眼界、想象未来。此外，宁静的地理位置、精巧的校园布局、雅致的装饰、整洁的地面、小桥流水、假山喷泉、鲜花林荫……校园环境的优化、绿化、美化、园林化，能够给学生创设美好的意境。学生置身于美的校容校貌之中，自然会生发留恋校园、乐于学习生活的情感，同时必然会培育高尚的道德情感，促进身心全面发展。

2. 学校的精神环境

校风建设作为校园精神文化建设和无形制度文化建设的一项重要内容，对师生行为的影响是无形的，是师生前进的内在动力。在校风建设的过程中，各级领导必须大力营造崇尚科学、严谨求实、善于创造、具有时代特征和学校特色的良好校园风尚。

（1）教风建设

教风建设是引导学校校风的一个重要内容。教师通过自身职业道德、工作态度、专业知识、教学能力、教学方式、文化素养的综合表现，对全体学生具有身教的重要意义，能够在无形之中实现道德育人的目的。

（2）学风建设

学风建设是校风建设的主要组成部分，是大学生在学习上表现出来的精神风貌和行为作风。学风建设能够督促高校内部形成一种积极互助的良好治学态度，激发学生参与学风建设的自主性，培养勤奋、严谨、求实、创新的优良学风。

（3）校园秩序建设

校园秩序是指校容、校貌、校纪及学校师生的生活秩序和学校的教育教学活动秩序。优良的校园秩序既表现在学校空间的整洁、优美上，也表现在时间上。学校各项活动的稳定、有序，师生严明、自觉的纪律性则是校园秩序的核心内容。校园秩序是校风的硬性指标，给人以强烈的“第一印象”。对校园秩序的了解，不能停留在校舍、设备等硬件上，即使是简陋的硬件也可以形成良好的校园秩序。

（4）校园文化活动建设

学校应该举办各种类型的文化活动，让学生可以展示自己、培养自己，并提高课外文化水平，同时能塑造学生的情感世界。

文化活动是校园文化的突出表现，也是营造校园文化氛围的有效方式。校园活动建设能够对德育、智育、体育、美育等多项内容起到补充作用，使学生在活动中受到潜移默化的影响。

教育工作者要多组织开展一些活动：第一，思想教育类活动。教育工作者可以利用重大节日（如青年节、建党节、国庆节等）开展文化活动。第二，文艺活动。通过参与文艺活动，学生能够锻炼自己的审美能力，获得自我实现感。第三，学术科研活动。学术科研活动是大学校园文化活动对创新教育的一个有效补充。在学术科研活动中，学生能够深化、扩展课堂所学知识，培养自身的创新精神和实践能力，领略新学科知识。学术科研活动的主要形式有学术讲座、科技创新大赛、科学文化节、科技成果展等。

（5）精神面貌建设

精神面貌是指一个人在工作、学习和生活中，是满足现状、得过且过，还是精益求精、力争上游，即一个人对待事物或事情的态度。学校成员的精神面貌因素是校风中比较隐性的因素，它是学校成员的思想道德水平、精神状态、视野、气质、风度等方面的综合反映。精神面貌是形成校风的动力因素，是学校整体思想最深刻的表现。学校成员的精神面貌还包括他们的视野和胸怀。“胸怀祖国，放眼世界”就是学校成员的一种视野和胸怀；教育的“三个面向”，即面向现代化、面向世界、面向未来，更是一种视野和胸怀。

（6）学生成长平台建设

高校作为培养中国特色社会主义事业合格建设者和可靠接班人的重要基地，应该帮助学生跨越生活和学习、物质和心理的难关。例如，兰州大学在“三全育人”工作中，建设学生奖助中心，构建“奖＋榜样、助＋感恩、贷＋诚信、捐＋社会责任感”的“四＋”资助育人模式，全力推进资助育人工作。高校应建设就业创业中心，加强校地人才合作，通过举办双选会、专场相助会、实习招聘会等方式，提供学生就业资源；通过职业规划课程、“职慧”训练班、就业困难学生帮扶等方式，提升学生就业能力；构建“学生—教师—学院—学校”“四位一体”联动的创新创业激励机制，营造敢为人先的积极氛围；建设心理咨询中心，构建“学校—学院—班级—宿舍”四级危机干预防控体系，及时、有效地干预帮扶重点学生，通过课程教学推动心理健康教育工作，实现“大学生心理健康”课程全覆盖；建设易班发展中心，统筹网络思政工作，建设和优化“智慧学工”系统，创新教学内容、形式，旗帜鲜明弘扬主旋律，让网络思想政治教育活起来、潮起来、强起来、智起来。

3. 优化校园环境的方式

高校作为育人基地，是进行“三全育人”工作的主阵地。大学时期是学生品德素养社会化的重要时期，因此优化学校环境、创设良好的育人环境是优化高校“三全育人”工作的关键所在。

（1）高校领导要足够重视校园环境的优化

高校领导的重视是“三全育人”工作资金投入和人员投入的重要保障。领导足够重视，教育者才会不断深入开展教育工作，贯彻落实“三全育人”工作方针，不断改革和优化新形势下的大学生全面教育的方式方法。

（2）加强校园文化建设多元化

高校应从培养合格人才的高度，树立全员育人的观念，切实采取有效措施、齐抓并管，进一步优化学校育人环境，努力营造有利于学生健康成长的良好氛围。既要树立积极的校园文化精神和作风，又要发展校园文化，使其成为学生和社会联系的桥梁，并提高学生比较和鉴别各种社会思想和道德理念的能力。此外，高校还需要组织多样化、富有创意的文体活动，为学生的课余生活增添色彩。通过繁荣的校园文化，学生可以接收到有益的思想，进而形成积极的心态和健康的人格。这有助于培养他们积极乐观的竞争心态、参与精神、团队合作意识、奉献精神以及创新意识。

（三）社区环境与“三全育人”

学生总是生活在具体的空间和时间里，其主要活动是在一定的社区中进行的，影响他的社会环境是看得见、摸得着的。

1. 社区环境的教育特点

（1）内容的具体性

社区内的各种环境因素对大学生的影响具有生动形象、具体可感的特点，最容易为学生所接受，成为他们成长中的“水”“空气”“土壤”“阳光”。在社区环境内，有助于真正做到“三全育人”。高校应将“三全育人”教育理念与社会生活实践有机地结合在一起，通过具体、形象的方式传递理想、道德修养等教育内容，并让学生在实践中验证所学的理论知识，扩展学生对“理想主义”和“现实主义”的理解，使其认识更加统一。社区环境能把抽象的思想认识同社会实践相结合，深化学生对马克思列宁主义、毛泽东思想、邓小平理论、“三个代表”重要思想、科学发展观、习近平新时代中国特色社会主义思想的理解和掌握，有助于学生把学到的知识、技能应用于实践，形成全面发展的思想，培养出德智体美劳全面发展的社会主义建设者和接班人。

（2）时空的广阔性

社会生活实践给学生提供了更广阔的空间。教育工作者可以充分利用社区的时空条件，用社区力量组织学生进行社会调查、实践劳动、参观学习和社会服务等活动。通过这些活动，学生可以置身于广阔天地，对各种社会现象进行观察和评估，培养正确的世界观、人生观、价值观，具备对各种信息和想象的甄别能力，潜移默化地受到教育。

（3）资源的丰富性

社区具备各种社会实践条件，各类人才应有尽有，蕴藏着丰富的教育资源。社区政治、经济、文化、教育、科技状况构成了学生生存和成长的社会“土壤”。

来自各行各业的教育因素为高校“三全育人”工作提供了丰富的智力资源；广泛而独特的社会实践为立德树人教育创造了广阔空间；历史遗迹、景观等传统文化资源是非常宝贵的，它们可以成为理想信念教育的材料。挖掘这些资源并加以合理利用，能够将潜在的教育资源转变为“三全育人”教育资源，有助于培养学生树立正确的世界观、人生观、价值观，使其具备对各种信息和思潮的甄别能力。

（4）结果的实效性

社区环境教育内容的具体性、时空的广阔性、资源的丰富性等，是潜在的社区“三全育人”教育优势。把社区环境与实施“三全育人”工作统筹起来，在社区、学校、家庭和社会的联合下，可以形成协作力量，发挥社区教育的优势，从而真正实现对学生的全方位培养。

2. 社区环境的教育功能

（1）塑造功能

充分利用社区资源对学生进行塑造，是社区环境“三全育人”的集中表现。社区环境内有丰富的教育资源，无论何等规模的社区，都有社区的基本特征和元素，它们都是可对高校“三全育人”教育产生影响的环境因素。

首先，社区是一定地域的人群和集体的构成物，在这些人群和集体中，能人巧匠应有尽有，尽管他们并非全部拥有深奥的理论，但他们在各自的领域都有丰富的经验。他们能通过自己独特的视角和实际经历领悟理论，向学生提供启示和帮助，实现学校教育无法达到的塑造效果。

其次，每个社区都拥有一些特定的社会实践机构，在社区环境中显得非常独特。这些机构包括工厂、企业、事业单位、文化设施等，但需要注意的是，只有那些具备高度认知、良好条件、丰富教育资源的单位才能被列为社会实践基地。通过参加社会实践活动，学生能够更快地了解社会。社会实践基地是让大学生接受教育的关键地点，也是他们获得社会实践知识的学习场所。

最后，需要指出的是，社区在教育方面也有其独特的优势。因为一个社区就像一个小型社会，所以每个社区都有其独特的历史和文化遗产。高校需要积极挖掘社区内的优质资源，并利用这些资源促进学生全方位发展。

（2）陶冶功能

社区环境中不仅有大量的教育资源可以利用，而且对教育的影响范围广泛。社区文化在社区环境中的影响尤为显著。个体与文化相互作用，个体的行为和思想同时受到文化的影响和塑造。社区文化是将校园、街道、企业和家庭的文化相结合，形成整体的一个文化范畴。它不仅对社区精神文明建设起到了积极的推动作用，还直接对大学生的健康成长产生了影响。

陶冶指的是通过有教育意义的情境，以无形的方式感染和教导学生，使其潜移默化地接受教育并形成良好的品德和素养。社区具有独特的规律性，即使人们不了解它，它仍会释放出能量并产生“随风潜入夜，润物细无声”的影响，这种影响必定会在广度和深度上显现。高校应该充分利用社区环境的综合作用来引导学生的思想，具体而言，高校可以通过社区组织各种有益的文化活动，使学生在娱乐的同时接受教育。同时，高校需要联合有关部门，对滋生消极影响的封建迷信、陈旧习俗等不良文化进行清理和禁止。

（3）管理功能

长期实行单一、封闭的管理模式会导致学校教育、家庭教育和社会教育之间失去联系，导致一些学生在学校内外表现不一致。这既涉及教育对学生的非一致影响问题，也涉及管理上的疏漏问题。在学生的业余生活中，学校的管理存在一定的局限性，因此无法解决某些问题。社区是学生在校外活动、成长发育的环境，社区居民对学生和其家庭有深刻了解，建立了一种特殊的时空关系。目前相关部门需要加强社区环境管理职能，采用协调与行政指令相结合的方式，加强社区、街道、居委会（村委会）的职能，这样才能使社区环境中的“三全育人”工作的管理功能最大限度地发挥作用。

（4）保护功能

社区环境的保护功能体现在以下两个方面：一是预防；二是保护。预防指的是社区各有关部门在贯彻和执行相关法律法规的过程中，教育年轻人遵守法律法规，采取措施预防各种犯罪隐患。保护指的是社区各有关部门通过法律手段来保护年轻人的合法权益，促进社区环境的优化，清除危害年轻人身心健康的恶劣行为。随着“三全育人”工作对社区环境的不断重视，相关部门需要深入探讨保护功能的范围、组织、网络构建以及渠道通畅等方面的问题，以使保护功能发挥最大的作用。

（5）监督功能

在社区环境中采用“三位一体”管理体制，旨在将单一的“条条”管理与“块块”管理相结合，以实现更加全面的管理。社区内的社区委员会负责组织本区人大代表对本社区学校的“三全育人”工作进行定期或不定期的审查、评估和监督，以实现社区环境的教育监督职能。监督的基础是党和政府的相关政策以及党的教育方针，其核心是确保办学指导思想正确。处理好根源性的教育问题，建立监督体制，有助于纠正高校的办学指导思想。

3.优化社区环境的方式

社区是个大千世界，社区环境也纷繁复杂。大学生的成长每时每刻都受到社区环境的影响，因此优化社区环境对高校“三全育人”工作的开展至关重要。

（1）动员社区各方力量，加强综合治理

各级领导、社会各方面都要把“三全育人”工作视为无可推卸的责任；建立健全实施大学生全面教育的责任网络，在各级党委、政府的领导下，研究和指导高校“三全育人”工作；为大学生提供良好的教育环境，吸引其参加健康有益的科技活动、文化娱乐活动、体育活动。

（2）树立正确的舆论导向

鼓励社区创建优秀的社区文化，通过大众媒体和社区宣传栏等途径，树立正面典型，宣传先进人物、先进事迹，营造积极健康的良好社会氛围，引导大学生树立正确的思想观念、价值取向、行为方式、生活情趣。

（3）以优化社区文化环境为中心

社区环境中对大学生影响最大的是社区文化环境。近年来，由于党和政府的努力，社会文化事业蓬勃发展，社区内人民的文化生活丰富多彩，对建设社区的物质文明和精神文明产生了积极的作用。但也应该看到，社区文化环境仍存在着一定问题。因此，必须切实加强对社区文化环境的建设和管理，为全面实施高校“三全育人”教育创造条件；要加强对社区各种文化设施的建设，丰富人们的精神文化生活，提高娱乐活动的水平与质量，努力做到趣味性、知识性、娱乐性、教育性相结合，使社区文化环境真正起到促进当代大学生身心健康的良好作用；还要加强对社区文化设施的管理，只有严格处理不良行径、打击不良风气，扶持团结互助、友爱讲理的社区作风，才能维护社区正常的文化环境，从而保证社区文化设施发挥良好的教育作用，达到优化社区文化环境之功效。

总之，社区是大学生从家庭、学校走向社会的一个过渡舞台，他们良好思想道德品行的养成需要良好的社会环境和文化氛围来支撑，因此优化社区环境是加强“三全育人”的重要部分。

（四）人际关系与“三全育人”

1.人际关系在“三全育人”工作中的意义

良好的人际关系是学校全面实施“三全育人”工作的一个重要因素。人际关系是指在共同的活动过程中可以直接观察到的人与人之间的关系，或称心理上的距离。两个人之间的关系可能是亲密的、疏远的、敌对的，这些都是心理上的距离，统称为人际关系。人际交往是人们为了彼此传达思想、交换意见、表达情感和需要等，运用语言符号而实现的沟通。人际关系在人际交往中表现为内部的、本质的特征；人际交往则是人际关系的表现形式和方法。不同的人际关系会引起不同的情绪体验。人与人之间心理上的距离越接近，双方越感到心情舒畅。

高校中存在着各种各样的人际关系，如校长与学校各个组织间的关系、各个组织之间的关系、各组织内部成员之间的关系、各个成员与组织之间的关系等。这些关系有上下级、领导者与被领导者、管理者与被管理者、教育者与受教育者之间的关系，有领导与领导、部门与部门、教师与教师、学生与学生之间的关系。这些关系的好坏，不仅会影响全体人员的工作、学习和生活，而且会影响整个学校教育职能和组织效能的发挥，还会影响全面实施“三全育人”、培养人才的思想。

人际关系在“三全育人”工作中的意义，由其心理机制的形式与发展规律决定。人际关系是社会关系的一种，范围广泛，涉及朋友、夫妻、亲子、同学等各种关系形式。由于受到社会生产关系的约束，人际关系属于社会关系中较为基层的关系类型。人际关系渗透在社会关系的多个方面中，相当于社会关系的“纵贯线”。因此，人际关系也反过来对社会关系产生影响。人际关系对团体凝聚力的塑造具有直接的作用，对个人身心发展和思想形成方面的微观环境也具有直接的影响。

人际关系由三个方面构成：一是认知方面，它反映了个体对人际关系状况的了解，是人际交往的知觉结果，也受到生理条件的影响；二是情感因素，指的是人际关系中的双方在情感方面对彼此的满意程度和亲疏关系，这一因素是人际关系的根基；三是行为因素，指的是交往双方的外在表现和达成的结果。

导致人际关系受到影响的因素是多种多样的。主观因素包括彼此的背景、文化、能力等。在通常情况下，主观因素的相似之处越多，人们就越容易互相吸引并建立紧密的关系；如果彼此的需求有重叠或互补的地方，就可以互相补充优点和弱点，从而建立起良好的关系。客观因素包括空间距离的远近，当距离较近时，即使只是短暂的接触，也更容易促进人际关系。在通常情况下，交往的频率与次数会对人际关系的形成和发展起到积极的促进作用。

人际关系的建立和发展是通过参与特定社群的活动、实现特定社会目标、完成特定社会任务来实现的。当群体通过具体的活动来实现目标时，它们会调整和优化自身的组织结构和关系，这种调整的性质和方向将取决于这些活动的具体内容和社会价值。

人际关系的心理机制启示我们，人际关系是高校实施“三全育人”的重要条件和影响学生思想形成与发展的重要因素。

首先，和谐的人际关系是集体形成和发展的基础。人际关系的性质反映出集体的质量，如果一所学校的领导与教师、教师与教师、教师与学生、学生与学生之间的人际关系和谐，那么这所学校一定是一个优秀的集体。反之，一所学校的人际关系紧张、矛盾重重、危机四伏，没有统一的目标与追求，学校集体就失去了建立和发展的基础。因此，要想建立良好的教育集体，必须首先建立起和谐的人际关系。

其次，良好的人际关系是调动群体成员积极性的重要条件。教育集体中，领导与教师之间、教师与教师之间、师生之间、同学之间心理上的距离越近，双方越会感到心情舒畅，这种积极的情绪体验会转化为努力向上和实现某种目标的内部动力，激发教育者和受教育者在集体活动中的积极性与创造性，提高教育效率。

最后，良好的人际关系是群体成员身心健康的重要保证。人际关系对人的身心健康与思想发展具有重大影响，只有生活在一个相互信任、相互关心的集体里，群体成员才会感到温暖，身心才有可能得到健康发展。如果人与人之间经常发生矛盾与冲突，心理上的距离远，个人就会感到悲伤、抑郁，从而影响个人的身心健康，严重的还会导致心理疾病。

学生思想形成与发展的规律揭示了人际关系在“三全育人”工作中的意义。学生的思想是在社会总体环境的制约下，受他们所处的具体生活环境的影响而形成和发展的。学生的具体生活环境，就是家庭、社区、学校的生活环境，学生在这些环境中结成了各种直接的人际关系（如家庭关系、师生关系、伙伴关系等）。人际关系以活动和交往为中介，通过活动与交往把人的主观世界与客观世界联系起来。因此，一定的社会活动和交往既是人的思想形成的条件、因素和依附的客体，又是“三全育人”工作的手段及表现形式。学生的思想在人际关系的活动与交往中形成，同时又在活动与交往中表现出来。

2. 良好师生关系的建立和发展

良好师生关系的建立与发展是在“三全育人”过程中实现的，它的实现有赖于教师、学生、学校管理干部等多方面的共同努力，但从根本上说，取决于教师的教育水平，包括专业知识、教育能力、教育机制、思想品德修养等因素。一个热爱教育事业、忠于职守、热爱学生、勤恳工作、处事公正、处处能为学生作表率的优秀教师，不仅能给学生留下难忘的印象，而且能使学生的行为受到深刻的影响，也会为良好师生关系的建立和发展奠定情感基础。为此，建立和发展良好的师生关系，要求教师做到以下几个方面。

首先，树立科学的学生观，正确、科学地认识学生和理解学生，正确地对待、尊重、关心、爱护学生。

其次，树立为学生服务的观念，努力教好功课，努力为满足学生的求知欲望、开阔学生的眼界、发展学生的个性特长创造一切有利条件，为学生的学习、工作和生活提供方便，全面关心学生的成长。

再次，发扬教学民主，善于倾听学生的意见和建议，善于与学生沟通与交往，与学生一起讨论、研究，与学生打成一片。

最后，善于控制自己的情绪，坚持耐心教育，勇于批评和自我批评，敢于承认错误和承担责任，正确处理师生间的矛盾。

第二章 “三全育人”实践策略

了解了“三全育人”的基本概念，我们就可以进一步分析具体的实施方略。本章重点分析“三全育人”实践策略，主要从三个方面进行论述：“三全育人”管理策略、“三全育人”队伍建设、“三全育人”运作机制。

第一节 “三全育人”管理策略

人类社会的存在和发展离不开管理。管理存在于人类社会生活的各个领域、各个部门。大到国家，小到家庭，凡是有人群的地方，都离不开管理。高校“三全育人”是一个复杂的系统工程，这一工程一刻也离不开管理。实施高校“三全育人”的过程，就是管理高校“三全育人”的过程。离开高校“三全育人”的管理，不但无法协调高校“三全育人”的方方面面，处理好各种矛盾，影响高校“三全育人”的效果和目标的实现，而且有可能使高校“三全育人”失败。因此，对高校“三全育人”的管理是十分重要的。

一、高校“三全育人”管理的地位和价值

（一）高校“三全育人”管理的地位

有价值、有作用，才有地位。高校“三全育人”管理的地位主要取决于其价值和作用，并集中反映在高校“三全育人”管理的作用上。

1. 高校“三全育人”工作的载体和指挥中心

高校“三全育人”是高校教育的重要方向，其中管理也是其必不可少的组成部分，其地位与高校“三全育人”相互依存。此外，还可以从高等教育机构的角度出发，重新审视如何管理和实施“三全育人”工作。在高校“三全育人”工作中，思想政治教育管理将思想政治教育的各个要素有机整合，使其按照一定的时间和空间规律有序运行，并实施有效的控制，以实现高校“三全育人”的目标。

高等院校需要依靠“三全育人”管理来确保思想政治教育质量。如果没有“三全育人”管理，高校“三全育人”工作将处于无序状态。目前，人们对高校“三全育人”的内容、途径和方法进行了广泛研究，而“三全育人”管理研究相对不足。这导致高校“三全育人”工作效率有待提高、质量有待提高、力度有待加大等问题，这几乎都源于管理工作跟不上。因此，高校在“三全育人”工作中，越来越重视管理方面对“三全育人”的要求。

2. 高校管理的重要组成部分

高校管理是非常综合的，其中思想政治教育管理是必须重视的一方面。这项管理工作的范围非常广泛，内容也非常复杂，由于其政策性和原则性很强，需要更加慎重地处理。除了政治方向和意识形态问题外，还涉及经济政策和生活质量等方面。因而，可以说思想政治教育管理在高校管理中是最具复杂性和综合性的，涉及广泛而又重要的问题，直接关系到高校各个系统的根本使命的完成。抓好高校“三全育人”工作是高校教育落实党的路线、方针和政策的必备条件，也是坚持社会主义方向的重要手段。

3. 各级党委和政府的主要任务

1994 年，《中共中央关于进一步加强和改进学校德育工作的若干意见》明确指出，各级政府要为德育工作在人力、财力、物力等方面创造必要的条件，切实解决德育工作中存在的实际困难和问题。教育行政部门要把德育工作作为主要任务之一。《高等学校课程思政建设指导纲要》中指出，全面推进课程思政建设，就是要寓价值观引导于知识传授和能力培养之中，帮助学生塑造正确的世界观、人生观、价值观。党的二十大从战略全局深刻阐述了新时代坚持和发展中国特色社会主义的一系列重大理论和实践问题，为全面建成社会主义现代化强国、实现第二个百年奋斗目标，以中国式现代化全面推进中华民族伟大复兴指明了前进方向；会议指出，要坚持为党育人、为国育才，大力弘扬“攀登精神”，落实立德树人根本任务，持续推动高校教育建设再上新台阶，以实际行动为国家发展提供人才支撑和智力支持。各级党委和政府在思想政治教育方面的领导职责主要表现为管理思想政治教育、制定相关政策、为其提供必要条件、处理实际难题，并开展检查、监督和评估等工作。这意味着高校必须得到上级领导部门的充分重视和支持，营造良好的高校“三全育人”氛围和环境。高校必须将“三全育人”管理工作列入各级领导部门的重要议事日程，进行定期讨论，加强领导，以确保其得到充分的关注和重视。这从侧面表明了高校“三全育人”管理的重要性。

（二）高校“三全育人”管理的价值

1.有助于正确把握高校“三全育人”的方向

“三全育人”教育具有预知未来、做出决策、制订计划以及掌控局面等方面的能力。此外，还须对“三全育人”教育进行检验和监管。目标管理和其他相关的方法可以有效地帮助我们明确和把握思想政治教育的方向，起到了非常重要的作用。党和国家在思想政治教育管理方面处于最高地位，通过制定法规和发布意见来确立思想政治教育的指导思想和大政方针。高校通过思想政治教育管理，将其贯穿到实际的思想政治教育实践中。高校实施“三全育人”管理，对于确保思想政治教育方向的正确性具有最直接、最有效的作用，这是从组织领导的角度来看的。我们应当意识到高校“三全育人”管理在引导思想政治教育方向上的重要性，务必加以重视。

2.有助于完善高校“三全育人”的功能

高校“三全育人”管理有助于强化高校培养全面发展的人才的作用，包括对学生进行知识传授、行为引导、情感矫正、潜能激发、关心服务等方面的培养功能。这些功能的实现需要有理论的指导、制度的规范、组织的协调以及监督的制约。如果忽略这些功能，可能会出现强制管束、忽视引导、重视纠正而缺乏关怀、强调激励而忽略服务等问题。高校“三全育人”管理可以让教师更加清晰思想政治教育的作用，同时不断完善思想政治教育的功能，充分发挥思想政治教育的多样性作用。

3.有助于增强高校“三全育人”的活力

高校“三全育人”工作通过制定适当的政策和规章制度，向教师提供指导和支持，鼓励他们在思想政治教育方面发挥创造性和积极性，激发教师肩负起思想政治教育工作的责任和热情，以此提高高校“三全育人”工作的效益和活力。高校“三全育人”工作者若在政治待遇、生活待遇、职业待遇等方面受到激励，就会更加注重思想政治教育并积极参与其中，可以在岗位上轻松愉悦、精神饱满地致力于思想政治教育，为其注入新的活力。

4.有助于发挥高校“三全育人”的整体优势

管理层应协调组织并调度思想政治教育资源，实现整体优势最大化，以超越各个部分单独运作所能达到的成效。高校应通过“三全育人”管理，以培养大学生的思想政治素质为目标，尤其是当思想政治教育环境或对象发生某些变化时，要想实现对思想政治教育的全局性调整，必须通过管理来协调，以形成一致的意志和行动。这样可以确保高校“三全育人”的整体优势得到充分发挥。

5. 有助于提高高校“三全育人”的质量

加强高校“三全育人”管理可以提高“三全育人”的工作质量并实现育人目标。为了做到这点，需要建立思想政治教育质量保障体系、完善思想政治教育工作控制系统，并构建健全的思想政治教育约束机制。高校可以采取一系列管理措施，以确保和提升思想政治教育的质量。这些措施应紧密围绕思想政治教育的目标和标准。高校应利用科学合理的方式，以及运用思想政治教育中的各种要素，以实现既定的预期效果。如果高校能够加强对人员和工作等方面的管理，就能够确保“三全育人”工作的高质量实施。相反，高校就无法保证“三全育人”工作的质量。

二、高校“三全育人”管理的目标和机制

（一）高校“三全育人”管理的目标

高校“三全育人”管理是合规律性与合目的性的统一。高校在“三全育人”管理活动中，必须确立科学的目标，以明确管理的方向，保证管理活动朝着正确的方向进行。

高校“三全育人”管理目标是指高校在“三全育人”管理活动中，通过科学的管理所要达到的预期结果。其内容主要包括以下两个方面。

1. 高校“三全育人”管理的科学化

高校“三全育人”管理活动的基本目标是实现管理的科学化。这种管理的科学化是管理规范化、管理制度化和管理民主化的有机统一，也是决策科学化和管理过程科学化的统一。其中，决策科学化和管理过程科学化贯穿于管理规范化、管理制度化和管理民主化之中。

（1）管理规范化

高校“三全育人”管理规范化是指由开始不大规范的管理向规范管理变化的过程，其目标是实现管理的规范化。规范化管理具有规章明确、原则性强、操作性强、体系健全、机制协调、运行有序等基本特性，是高校“三全育人”管理活动科学化的一个重要标志。它要求高校“三全育人”工作者必须遵循实事求是的原则，遵循大学生思想政治素质形成和发展的规律以及高校“三全育人”过程的规律，在管理活动中遵守科学的程序和方法，严格按规章制度办事，不掺杂私人情感，使高校“三全育人”管理工作能够协调、有序、顺利地进行。

（2）管理制度化

管理制度化也是高校“三全育人”管理科学化的一个重要内容。高校“三全育人”管理要想具有可操作性，就必须使思想政治理论课教学管理、大学生日常思想政治工作以及高校“三全育人”队伍建设等方面实现制度化。一方面要引导高校“三全育人”工作者树立正确的管理制度观念，增强管理制度意识，形成管理制度的权威性，既要积极主动地参与管理制度的制定和完善，又要认真自觉地遵守制度、执行制度；另一方面要加强制度建设，以中央文件和上级主管机关有关文件精神为指导，依据国家的法律法规，结合学校的实际情况，制定好思想政治理论课建设、大学生日常思想政治工作以及高校“三全育人”队伍建设方面的规章制度和纪律。

（3）管理民主化

管理民主化是高校“三全育人”管理科学化的重要体现。高校“三全育人”管理活动只有发扬民主作风，坚持民主方法，使民主原则贯穿管理过程始终，渗透到每一个管理环节中，才能保证高校“三全育人”目标的实现。高校“三全育人”管理民主化要求领导者充分发挥高校“三全育人”队伍成员和大学生在民主管理中的作用，善于调动高校“三全育人”队伍成员和大学生在民主管理中的积极性，善于听取、吸收、采纳高校“三全育人”工作者、学生和学校其他管理部门的意见和建议。

2. 高校“三全育人”管理的有效性

高校“三全育人”管理的另一基本目标是使管理活动具有有效性。高校“三全育人”管理工作可能产生三种后果：一是管理活动产生积极的效果，出现正效应，即管理具有有效性；二是管理活动流于形式，走过场，没有产生积极的效果，这样的管理具有无效性；三是管理活动带来的后果是消极、负面的，这样的管理具有有害性。如果产生的是第一种后果，就是成功的、有效的管理；如果产生的是第二、三种后果，则是失败的管理。高校“三全育人”管理追求的是第一种后果，要尽量避免的是第二、三种后果。

高校“三全育人”管理有效性的主要判断标准包括四个：一是通过管理活动看是否促进了高校“三全育人”活动的有效开展；二是通过管理活动看是否促进了大学生思想政治素质的形成和发展，是否进而促进了大学生其他方面的发展和学业的完成；三是通过管理活动看是否促进了高校“三全育人”队伍的建设；四是通过管理活动看是否促进了学校的教学、科研和其他工作的协调发展。

（二）高校“三全育人”管理的机制

1. 高校“三全育人”管理机制的内涵和特点

“机制”一词原是机械学中的概念，意指机器的内部构造，运转过程中各零部件之间的相互关系及运行原理，现在它被广泛应用于各个学科之中。机制主要包括三方面的内容：一是组织结构，机制是由若干个要素按照特定的方式组织起来形成一个整体；二是要素的作用方式和组成机制总是遵循特定的模式进行相互作用；三是生成方式，通过将各要素以特定方式组合在一起并相互作用，导致整个系统的生成、运行并产生特定的功能。高校“三全育人”管理机制指的是由多个要素构成的思想政治教育管理体系，它们在整体运行中发挥着不同的作用和功能，并管理着思想政治教育活动的各个方面。

高校“三全育人”管理是思想政治教育管理的重要组成部分。高校“三全育人”管理机制与思想政治教育管理机制一样，存在规律性、目标性、复杂性、系统整合性和弱结构性五个特点。

（1）规律性

高校“三全育人”不以管理者和教育者的主观意志为转移，它有其产生和赖以存在的客观条件，具有客观必然性。同时，高校“三全育人”内容的安排设置、体系的展开，还必须遵循大学生的思想发展规律。因此，高校“三全育人”管理必须以尊重高校“三全育人”活动的客观性和发展规律为前提。高校“三全育人”管理机制是对高校“三全育人”管理活动的客观反映，必然呈现出许多规律性的内容，使其具有规律性的特点。

（2）目标性

高校“三全育人”管理机制具有明确的目标性，是指它既规定了自身的运行方向，也确定了管理活动要达到的结果。高校“三全育人”管理的直接目标要求高校“三全育人”管理实现科学化，这主要体现为管理规范化、管理制度化和管理民主化的有机统一。

高校旨在最大限度地发挥“三全育人”的社会管理作用，为社会培养全面发展的人才。在社会主义制度下，高校必须通过“三全育人”管理帮助学生认识到自己在整个教育系统和社会系统发展中的重要地位，激发他们的主体积极性，发挥其创造潜力，推动其自由、全面地进步以及积极推进中国特色社会主义事业全面发展，确保经济建设、民主政治建设和高校思想文化建设的协调发展。

（3）复杂性

高校“三全育人”管理机制是一个复杂的系统。首先，其工作对象是大学生，大学生思想的多样性和复杂性决定了思想政治工作管理的复杂性。其次，人的思想观念的形成、思想认识的转变是一个长期复杂的过程，而且人的思想具有反复性，新思想的形成、旧思想的克服都是在多次反复中完成的，这些增加了高校“三全育人”管理的难度。再次，社会意识具有相对独立性，当它依赖的社会存在消亡后，还会存活很长时间。最后，国际敌对势力也会乘机对大学生的思想进行渗透，所有这些因素都决定了我国意识形态领域斗争的长期性和复杂性，也决定了高校“三全育人”管理机制的复杂性。

高校“三全育人”管理机制的复杂性主要表现在以下两个方面。

第一，高校“三全育人”管理机制的构成要素具有复杂性。高校“三全育人”管理机制包括管理主体、管理方式和管理机制运行的目标、环境、程序、动力、保障等诸多要素，每个要素都构成一个复杂的系统。

第二，高校“三全育人”管理机制具有可变性和不确定性。构成高校“三全育人”管理机制的要素具有可变性，如工作内容、管理机制的创新，保障机制的调整完善等，一成不变的要素无法适应现代管理的需要。此外，高校“三全育人”管理机制具有不确定性，没有固定的、一成不变的管理模式。

（4）系统整合性

管理可分为两种类型：有效管理和无效管理。有效管理指的是管理活动产生的影响是积极的，呈现出正面效果；无效管理是指管理缺乏效力，仅是形式上的行动，没有充分发挥其社会效益，反而带来了负面影响。所以，为了确保管理活动运作顺畅，需要对管理活动进行整体协调。高校“三全育人”管理机制的综合性和统一协调功能体现在以下方面。

首先，高校“三全育人”管理机制可以整合工作系统内部的各个部分，对其进行统一协调，以达到最佳状态；平衡系统内部各部分之间的相互作用，以避免某一部分或多个部分的错误行为引起整个系统的混乱；重新布置各个部分的构成和作用方式，使它们相互协作、相互支持，以达成共同的目标。

其次，高校“三全育人”管理机制可以对内部工作系统进行整体协调，优化系统中的各个要素及其相互作用，以实现整体效益超过各部分效益总和的效果。

最后，高校“三全育人”管理机制通过协调系统与外部环境之间的关系，可以促使系统与外部环境之间的物质能量互通有无、相互转化。高校“三全育人”管理的成效不仅受到内部因素的影响，还受到外部因素的影响。

（5）弱结构性

结构指的是系统各部分的组织方式。所谓的弱结构性意味着系统中各个组成部分之间的关系容易改变，影响因素较多，而且往往由许多定性因素决定。这种情况会导致整个系统的状态、特性、行为和功能出现较大的差异和变化，从而难以理解。许多管理机制都受到弱结构性的影响。举例来说，经济管理机制的运作通常受到多个因素的制约和影响，包括管理主体、国内外经济政治环境、经济构成，甚至自然条件等。因此，在进行结构变革的过程中，需要对管理机制进行不断的修正和调整。高校"三全育人"管理需要遵循原则性、灵活性、系统性和针对性相结合的原则，同时结合定性管理和定量管理。

正确认识高校"三全育人"管理机制的弱结构性，有助于采取灵活的管理方式，防止僵化管理；有助于增强管理者的系统观念，防止仅关注或注重某个要素或某个环节的建设而忽视管理机制整体、缺少大局观念现象的发生；还有助于增强管理过程中的预见性，依据个别部分的变化来判断整体机制的结构性变化，及时调整管理行为，使"三全育人"管理沿着健康的方向运行。

2. 高校"三全育人"管理机制的内容

高校"三全育人"管理机制与思想政治工作管理机制密切相关，具体来说，主要包括导向机制、协调机制、激励机制和约束机制四个方面的内容。

（1）导向机制

①导向机制的构成

建立高校"三全育人"管理导向机制，是实现高校"三全育人"管理目标的核心。这一机制能够调节高校"三全育人"管理的各要素，为实现高校"三全育人"管理目标服务，并且在高校"三全育人"管理机制的构建中扮演着主要领导和指导角色。高校"三全育人"管理导向机制是指高校"三全育人"管理组织的职能，通过引导高校"三全育人"管理对象朝着实现高校"三全育人"管理目标的方向发挥积极的作用，以达到高校"三全育人"的目的。

高校"三全育人"管理导向机制的建立，需要遵循和运用高校"三全育人"原理等相关规律，掌握高校"三全育人"管理对象的利益和需求。基于高校"三全育人"目标，建立高校"三全育人"管理导向系统，使利益、动机、行动和结果之间有机联系，始终引导高校"三全育人"工作者以特定的方向努力工作。

高校"三全育人"管理导向机制由以下六个方面构成。

第一，目标导向。高校"三全育人"管理目标导向是指高校"三全育人"管理主体通过向全体人员提出明确的高校"三全育人"组织系统目标、高校"三全育人”管理系统目标，引导大家为实现这些目标努力工作。

第二，政策导向。高校“三全育人”管理政策导向的目的在于通过制定相应政策，明确高校“三全育人”工作的重要性，并采取一系列措施和方法来推动该项工作的完善，以此指导相关人员为实现高校“三全育人”目标而不懈努力。这些政策可以归为三种类型：第一种是为了引导高校在“三全育人”工作方面实现良好效果所做出的导向性要求；第二种是为了引导相关因素做出符合政策方向的举措所做出的导向性要求；第三种是为了引导个人在符合政策方向的前提下发挥更好的作用所做出的导向性要求。

第三，舆论导向。舆论导向又称为舆论引导，是指通过影响公众的思想、意识以及行为来达到管理者预期目的的一种手段。这一手段通常使用奖惩措施来引导群众，从而塑造特定的舆论氛围和意识形态。引导舆论是完善高校“三全育人”工作的关键因素。通过引导公众舆论，以支持高校实现“三全育人”工作为目标，是确保高校育人质量不断提升的重要方式。高校“三全育人”管理舆论导向要求高校管理者使用各种舆论工具，宣传党的“三全育人”政策，展示高校在“三全育人”工作中的优秀典型，以激发人们对高校“三全育人”工作的重视。

第四，行为导向。高校“三全育人”管理行为导向是指各层级管理者，特别是高层领导者通过在高校“三全育人”管理和实践中的表率和实际行动，促使人们重视高校“三全育人”工作并积极投入其中。高校必须通过行为导向来管理“三全育人”工作。此举要求高校领导不仅要引导广大职工重视“三全育人”工作，还要以身作则。高校领导除了要起草并制定改善高校“三全育人”工作的文件，还需要积极引导和践行文件精神，在现实中深入实践，亲自督促落实，并提供更多有针对性的指导来加强高校“三全育人”实践工作。

第五，用人导向。高校“三全育人”管理用人导向机制是管理导向机制中最具有效力的机制。这一导向机制对高校“三全育人”工作者的晋升和提拔，以及晋升和提拔的标准具有根本性影响。在干部选拔任用工作中，要杜绝凭关系用干部、凭“票数”用干部、凭资历用干部。与此同时，我们必须坚持以高校“三全育人”业绩为根本标准，真正形成公开、平等、竞争、择优的用人导向，坚持以标准、公平、公正、品德、才干和业绩选用干部，从用人导向上保证高校“三全育人”工作的有效开展。

第六，评估导向。高校“三全育人”管理评估导向意味着学校在一定的评估标准下，对“三全育人”组织者及工作者的表现进行价值评估，并指导他们切实达到指标体系要求的过程。当前，教育部特别重视高等学校“三全育人”工作的评估导向，真正将其作为高等学校的教学工作水平评估体系的评估指标。评估导向在高校“三全育人”实践中发挥着越来越重要的作用，成为推动高校“三全育人”工作向前发展的有益机制。

②导向机制的建设要求

为实现高校“三全育人”管理目标，高校应建立导向机制。这一机制是高校“三全育人”管理系统的重要组成部分，其职责是引导管理对象努力工作，以达到高校“三全育人”管理系统的理想状态。高校“三全育人”目标是高校“三全育人”理念的具象化表达，因此所有高校“三全育人”管理活动应当紧密围绕这一目标进行，以满足“三全育人”的要求。为了实现高校“三全育人”的目标，需要确保高校“三全育人”管理导向机制中的所有措施都为其服务。在制定高校“三全育人”管理导向机制时，应以加快高校“三全育人”目标的实现为价值取向，将管理对象的利益和需求与高校“三全育人”目标的实现联系起来，引导广大高校“三全育人”工作者为达到高校“三全育人”的目标而努力。

高校“三全育人”管理导向机制的发挥效果对于高校“三全育人”事业的健康发展至关重要，因为它的普适性直接影响到高校“三全育人”管理对象。在制定高校“三全育人”管理导向机制时，需要注意确保这些措施普遍适用于所有高校“三全育人”管理对象。同时，我们也要充分考虑到每一位高校“三全育人”工作者的利益和需求，并提供平等追求利益的机会，不能出现歧视和排他现象。只有这样，导向机制才能达到广泛适用的效果，对于所有参与高校“三全育人”组织和从事高校“三全育人”工作的人员都能起到指导作用。

高校需要保持“三全育人”管理导向机制的稳定性和可塑性的一致。这意味着高校需要确保其“三全育人”管理导向机制能够持续有效地引导师生，同时保持其指导方针的稳定性。这是高校“三全育人”管理导向机制的核心，它需要保证对人们的引导有针对性。随着高校“三全育人”管理环境的变化，为确保适应性，需要调整导向机制的方向。高校应通过引导适应新变化，对“三全育人”管理导向机制的内容做出人的偏好选择，体现人的选择性。所以，高校“三全育人”管理导向机制必须具备可塑性。当稳定性增强时，可塑性就会减弱，两者之间就会产生矛盾。反之，如果具有高度的可塑性，那么就意味着缺乏稳定性。这就要求高校进行“三全育人”管理导向机制的建设时必须重视稳定性与可塑性的统一。

（2）协调机制

在高校推进“三全育人”管理系统的过程中，建立有效的协调机制是非常关键的一个目标。这样可以提高高校“三全育人”管理水平，促进高校内部各方的团结协作，同时可以有效地推进高校“三全育人”工作的开展，实现“整体功能大于部分功能之和”的目标，具有非常重要的意义。高校“三全育人”管理协调机制是指高校利用制度和文化，建立适时调节高校“三全育人”组织与外界协调关系的机制，以增强整体功能以及实现育人目标。高校“三全育人”管理协调机制的主要作用包括以下几个方面：协调系统（部门、单位）内部党、政、群（主要指大学生）组织的相互配合问题；协调系统（部门、单位）与各基层高校“三全育人”组织的关系；协调系统（部门、单位）与各家庭、社会合力育人的相关工作。

①协调机制的构成

第一，会议协调。会议协调是指为了解决相关问题而召集相关人员开会进行讨论、协商和协调。在这种会议上，各方代表可以共享信息、提出疑问、交换看法、探讨解决方案，以达成一致意见。通过会议协调，相关人员能够全面了解情况，调整个人的狭隘观念，协商以形成共识，有助于在实施方面相互配合，形成协同合作的力量。

第二，访谈协调。访谈协调是指与具体的高校“三全育人”工作者进行接触谈话，了解其工作状态，解决其工作困难，协调各项思想政治工作任务。

重要的是，即使没有需要协调的事项，高校“三全育人”管理人员也必须保持与高校“三全育人”工作者面对面交流。沟通有助于提升高校“三全育人”工作者的自信心、自尊心，激发他们的工作热情，使其踊跃向管理层反馈建议和意见。此外，还有助于改善高校工作者对组织的认识和态度，促进管理层与基层工作者更好地合作，共同实现高校“三全育人”的目标。

第三，指导性协调。指导性协调是指高校“三全育人”管理协调机制中的指导性措施，用于引导具体关系的发展。并且高校“三全育人”管理是指导性协调的具体示范。

这里所说的指导，是指针对高校“三全育人”工作者对“三全育人”概念理解的不一致以及在执行过程中出现的错误提供及时的指导。其目的是统一高校“三全育人”工作者的认识，从而实现一致的行动。建议作为指导的一种形式，是管理者向高校“三全育人”工作者提供的一种具有影响力的思路或选择方案，以期望他们能够接受并加以实施，从而达到“三全育人”目标，因此与命令不同。除此之外，还有一种叫作劝说的指导方式，它采用指导、督促和引导的方式来说服人们采取某种行动。与建议不同的是，劝说具有一定的压力，但没有命令那种强制性。

第四，文化协调。文化之间的调和并没有明确的协调者，但每时每刻都在发挥着其协调作用。校园文化建设可以促进全体高校“三全育人”工作者合作行动，形成一致的价值观，致力于建立高校“三全育人”管理协调机制，其中重要的一环是在校园文化中融入整体意识、牺牲精神、合作意识、和谐共处的价值观，以追求无形的文化协调作用。

②协调机制的建设要求

高校应确立共同的“三全育人”目标愿景——明确方向协调发展，即让所有人以同一个目标为导向，共同奋斗。

美国著名管理学家切斯特·巴纳德（Chester Barnard）认为，全人目标与组织共同目标是时常不一致的，个人之所以愿意为实现组织的共同目标而努力工作，是因为他期望在实现组织共同目标的过程中使他的全人目标得到满足。巴纳德还指出，组织成员对组织共同目标的理解可分为两种：一是协作性理解。它是指组织成员脱离个人立场而站在组织整体利益的立场上客观地理解组织的共同目标。二是个人性理解。它是指组织成员站在个人立场上主观地理解组织的共同目标。当组织共同目标比较复杂和抽象时，这两种不同的理解经常会发生矛盾。这就要求管理人员协调个人目标与组织共同目标之间的矛盾，帮助组织成员加深对组织共同目标的认识，并努力避免组织共同目标和个人目标的不一致或理解上的背离。[①]我们需要确立高校“三全育人”的愿景，并在实施过程中注重实现高校“三全育人”工作者个人的目标，这样才能让高校“三全育人”的目标得以实现。在高校发展和“三全育人”环境变化的背景下，共同的愿景是实现协作的必要前提，并且需要随时调整以适应变化。若高校“三全育人”工作者缺乏共同的“三全育人”愿景，协作就难以实现。没有共同的“三全育人”愿景，工作者将不知道如何共同努力，也无法预知协作的成果，因此缺乏协作意愿，协作活动也就难以开展。因此，确立一个共同的“三全育人”愿景对高校来说具有非常重要的意义。

第一，增强协作意愿。高校“三全育人”系统的协作意愿是指高校“三全育人”工作者愿意为实现高校“三全育人”系统目标做出贡献。愿意协作就必须放弃个人控制权，服从组织决策。当个人将自己的行为组织起来，就能够更有效地为组织目标努力。如果缺乏合作意愿，高校“三全育人”系统将难以实现协调。因为高校“三全育人”工作者的素质不同，即使是同一人，其协作意愿也经常会随着

① 巴纳德．组织与管理[M]．北京：中国人民大学出版社，2009.

时间和外界条件的变化而改变，所以高校“三全育人”组织内的协作意愿是不稳定的。此外，个人协作的积极程度取决于个人在提供协作方面做出的“牺牲”以及高校在实施“三全育人”工作的过程中所提供的激励这两者之间的比较。所以，为了激励高校“三全育人”工作者，一方面要采取必要的激励措施，另一方面要激发高校“三全育人”工作者的积极态度，培养他们的合作意识，呼吁他们热爱自己的工作、用心培育学生，为国家事业做出贡献。

第二，加强信息沟通。高校“三全育人”教育需要在信息交流的基础上实现。高校“三全育人”倡导者应密切协作，以实现高校“三全育人”的共同愿景。只有通过信息共享，才能推动高校“三全育人”组织内部的信息交流。如果不了解高校“三全育人”工作者的协作意愿，就无法协调他们的行动，所以增强高校在“三全育人”方面的组织沟通能力是建立高校“三全育人”协调机制、实现目标的关键。

（3）激励机制

高校“三全育人”管理激励机制是指根据个体的需求、动机和内在激励作用建立起来的管理机制，旨在激发高校“三全育人”管理对象的积极性，促使其更加进取。建立以高校“三全育人”管理目标为导向的激励机制，通过某些制度或政策等手段，将高校“三全育人”工作者的利益需求、行为表现和目标结果有机结合起来，从而激发其自我驱动力。高校“三全育人”管理激励机制是高校“三全育人”管理机制体系的重要组成部分，其主要作用是为高校“三全育人”提供内在驱动力，可以让广大高校实现“三全育人”目标，使教职工和学生能够获得更多的收益和发展机会。促进高校“三全育人”教育系统的进一步完善，对更好地完成思想政治工作任务至关重要。

①激励机制的构成

第一，物质激励。物质激励是采用工资、奖金等经济手段和方式来满足高校“三全育人”工作者的物质需求，以增强他们的工作积极性，是达到高校“三全育人”管理目的的一种重要激励方式。在管理活动中，物质激励被视为基本手段之一，并且在高校“三全育人”管理中也扮演着重要的角色。这种激励机制是高校“三全育人”管理中最基本、最基础的要素之一。适当使用物质激励可以在满足高校“三全育人”工作者的物质利益需求的同时，激发他们的工作积极性。在高校实施“三全育人”管理时，应坚持物质利益原则，将实现高校“三全育人”目标与满足个人利益有机结合起来，并向一线高校“三全育人”工作者提供优惠待遇。

第二，文化激励。文化激励是指通过创造良好的校园文化，激发、鼓励高校

“三全育人”管理对象。这种激励机制通常能够巩固和加强高校“三全育人”工作者的信念，使他们更加全心全意地工作。

文化对个体有深远的影响，它能够塑造一个人的思想观念和行为模式。由于每种文化都有其独特的价值观和信念，不同的文化会对人产生截然不同的影响。文化激励的方式多种多样，如高校思想工作、危机工作和形象建设等。这些方式都是构建稳定文化激励机制的重要组成部分。此外，不断创新并制度化这些方式，可以使其持续发挥作用。

第三，工作激励。在高校“三全育人”管理中，工作激励是为高校“三全育人”从业者提供促进事业发展的激励机制。根据美国社会心理学家亚伯拉罕·马斯洛（Abraham Maslow）的需求层次理论，人的低层需求是与物质相关的，而最高层需求则体现在个体的自我实现上。满足个人需求是事业发展的一部分，在促进事业发展方面投入更多可能会收到更大的激励效果。考虑到每个人有不同的需求，因此激励措施也需要因人而异。领导者在分配工作时，应该充分考虑员工的需求，以激发他们的工作激情。

第四，奖惩激励。高校“三全育人”中的奖惩激励是指根据工作人员在“三全育人”工作中的业绩或行为后果，依据相关规定进行相应的奖励或处罚。通常激励措施包括奖金、加薪、赞扬、授予光荣称号、晋升以及权责调整等；惩罚涵盖指责、经济惩罚以及行政制裁。奖惩激励是一种外在强化机制，用于增强激励效果。

第五，竞争激励。在高校“三全育人”管理中，竞争激励是指通过制度和组织手段，培养高校“三全育人”工作者的进取心，促进他们相互竞争，并推动高校“三全育人”系统不断完善。在高校“三全育人”管理中，竞争主要分为四个方面，即个人竞争、团队竞争、岗位竞争以及成果竞赛。此外，部门内外的竞争也是其中的一部分。

第六，自我激励。自我激励是高校“三全育人”管理中的一个重要环节，它鼓励高校教职员工制定个人目标并自我施加适当的压力。在相同的情况下，个体自我激励的效果有时比其他激励方式更加显著、深远且长久。

②激励机制的建设要求

高校“三全育人”管理者应该意识到建立激励机制的必要性。高校“三全育人”管理者的管理能力主要体现在增强高校“三全育人”工作者的内在满足感，这种满足主要源于非物质方面的需求。高校“三全育人”管理者应该满足以下基本要求：具有激励意识、善于激发士气以及能够满足被管理者的多样化需求。高校“三全育人”管理者应该始终坚守基本要求，以充分尊重、相信和平等对待的态度，为被管理者营造亲切可信的氛围。

首先，激励措施要体现公平性。公平性是一个非常重要的原则，如果采取了不公正的激励措施，将会影响高校“三全育人”工作者的工作积极性和工作效率，并且可能会降低激励效果。如果高校“三全育人”工作者取得相同的成就，就应该获得相同层次的奖励。在同样的情况下，犯错的人应该受到相同的惩罚，这是公平的处理方式。如果无法满足上述要求，高校“三全育人”管理者应不给予奖励或惩罚。

高校“三全育人”管理者在处理高校“三全育人”人员问题时，应当秉持公正公平的态度，不偏袒任何一方，不发表或采取有失公平的言行，否则激励机制就会失去其应有的效果。

其次，激励措施要因人而异。激励措施因人而异才能有效地激励不同的人，因为每个人的需求不同。根据美国行为科学家戴维·麦克利兰（David McClelland）的理论，人们的基本需求可以分为三种类型：第一种类型是权力需求。有强烈权力欲望的人会特别在意其对所掌控领域的影响和掌控程度。第二种类别是那些有社交需求的人，他们通过社交获得幸福感和快乐。第三种类型是追求成就、渴望成功，但也非常担心失败的人。这样的人容易迎接挑战，习惯设定有一定难度但不是完全不可能达成的目标，以此来向自己展示实现目标的能力。

高成就感的人希望有能独立解决问题的工作环境，以便发挥这方面的才能。只要有了这种环境，就不必再为其提供其他方面的激励，他们也能积极工作。他们只有在靠自己的能力解决问题时，才会感到成就的满足。如果问题的解决是靠别人的帮助或偶然的机会，他们是不会感到满足的，不会认为取得了成就。所以组织上应该为这类人安排具有挑战性的工作，并给予其一定的自主权，这样就能发挥他们的积极性。[①]

行为科学家指出，没有一种环境适合所有人达到最佳表现，也没有一种人适合在所有环境中达到最高生产力，同时也没有一种通用的激励方式适用于所有工作。在实行高校“三全育人”管理激励机制时，管理者应该根据个人的能力和心态有针对性地选取激励措施。

最后，激励的载体应该多样化。有管理学家提出的六个主要因素可以决定员

① 张妍苹．麦克利兰的需求理论与对年轻干部的激励策略 [J]. 领导科学，2016（22）：54—55.

工的工作满意度，分别是报酬、工作本身、提升机会、管理方式、工作组织以及工作条件。所以，高校“三全育人”管理者可以从以上六个方面入手，以满足高校“三全育人”工作者的各种需求，包括社会需求以及心理需求等。

（4）约束机制

若没有限制和约束，无论什么事物都有可能偏离正常的发展轨道。高校“三全育人”系统是经过有目的、有结构、有功能的人为设计和管理的，为了保持其正常运转，应该加以完善，在使高校“三全育人”系统达到高效运作的同时，也需要有明确的规则。建立科学有效的高校“三全育人”管理约束机制对组织中具体的人有着极其重要的影响，无论是在短期还是长期内，这种机制都具有明显的意义。高校“三全育人”管理约束机制可以被看作为达到高校“三全育人”组织目标而建立的，用来约束高校“三全育人”从业人员的行为。该机制是高校“三全育人”的重要组成部分，主要负责规范、监督和预警工作，确保高校“三全育人”工作的健康、有序、有效进行，因此具有不可替代的作用，能够提高高校“三全育人”的实效性。高校“三全育人”管理约束机制是由多个约束因素相互交织而成的。

①约束机制的构成

第一，法规约束。法规约束是指为高校“三全育人”组织及其成员行为制定的法律、规章和规范，具有强制力和全面性，并且是高校“三全育人”管理约束机制的主要手段。

第二，体制约束。体制约束主要是指管理制度的限制。体制约束通过建立清晰的组织结构、部门职责、工作程序，使上下级、部门之间相互联系、监督，从而形成约束机制，避免和减少高校“三全育人”工作偏差，是取得最佳高校“三全育人”管理成果的关键因素。

第三，文化约束。文化约束是一个广泛的概念，它包括对高校学生的思想道德规范与自我管理约束，以及社会舆论、社会环境和社会心理等多方面的限制。

②约束机制的建设要求

第一，依法约束。必须依据法律法规来制定约束机制，否则将引发混乱。在构建高校“三全育人”管理约束机制时，必须严格遵守法律法规，确保依法约束原则得到贯彻。首先，高校“三全育人”管理的首要约束准则是国家的法律法规，包括《中华人民共和国高等教育法》《中华人民共和国教师法》等。本系统（部门、单位）应该制定符合国家法律法规的思想政治工作管理制度，明确工作程序、规范工作关系、提出工作要求并遵守工作纪律。其次，高校应该严格遵守国家法律法规和本系统（部门、单位）的规定，对高校“三全育人”管理进行有效的约束，不得随意行事。

第二，适度约束。高校既要保证对违法行为具有一定的限制力度，又不能过度扩大限制范围，保证高校“三全育人”工作者的自主性和主动性。为了有效构建高校“三全育人”管理约束机制，需要仔细探究高校“三全育人”组织和工作者的行为，进一步区分行为类型并分析其特性。

高校“三全育人”工作可以分为四种类型：第一种是由党政机关领导负责的高校“三全育人”管理行为；第二种是由高校“三全育人”工作人员履行的思想政治理论教育职责；第三种是日常高校“三全育人”工作，主要由高校“三全育人”工作人员负责；第四种是由高校“三全育人”理论工作者和研究人员负责的工作，他们的研究重点在于高校“三全育人”理论的研究和实践。

不同高校在实施“三全育人”时的约束方式和力度各不相同，但都必须严格监督高校“三全育人”管理组织和管理者，避免他们偏离岗位职责，缺乏工作责任感，出现官僚主义和腐败现象；仔细监督和检查高校的思想政治理论工作，以避免出现低质量的重复内容以及消极的思想在高校扩散等问题；对高校日常的“三全育人”计划进行强化测试以及审查工作者对事业的使命感、责任感和纪律感。

第三，重点约束。高校“三全育人”不同类型的行为，具有不同的问题及严重程度，因此需要有针对性地采取不同的限制措施。这意味着必须在实施约束措施上集中精力。管理者需要确定约束的重点，以便在建立约束机制并实施高校“三全育人”管理约束时集中注意力，抓住关键点，确保约束成果。在高校“三全育人”管理和监督中，特别需要关注那些掌握权力以及与组织和个人利益相关的人，他们是高校管理者的主要关注点。高校“三全育人”的领导干部也是必须严格管理和约束的对象。与此同时，我们也不能放松对高校“三全育人”工作者的纪律约束。

第四，有效约束。有效约束是指建立高校“三全育人”管理约束机制，以确保高校“三全育人”工作顺畅运作，实现其目标，同时防止出现混乱问题。这种约束机制是高校“三全育人”工作的必要条件，检验约束机制是否有效的唯一标准是能否实现这一目标。如果高校“三全育人”管理约束机制失去了有效性，那么它的存在就失去了意义。因此，必须确保这一机制的有效性，这是我们的重要目标。要想增强高校“三全育人”管理约束机制的实际效果，必须在考虑高校培养全面发展人才的目标基础上，综合考虑各方面因素，选择适合的限制条件；必须遵循规则，确保制度建设的合理性，使制度的约束功能和内容可以根据时代、环境、主体、客体的变化而做出相应的改变；权利、利益和责任要保持平衡，才能实现完美的统一，任何一个方面的缺失都会导致不平衡。

总而言之，确立一套约束机制，对于规范高校“三全育人”组织和工作者的行为、完善高校“三全育人”管理机制、提升高校“三全育人”工作者素养，从而实现高校“三全育人”目标具有非常重要的意义。

第二节 “三全育人”队伍建设

“言传身教、身教重于言传”是高校思想政治工作最基本的原则和方法，也是一以贯之的优良传统。回顾高校思想政治工作的发展历程，可以看到思想政治工作队伍在思想政治工作中起着至关重要的作用。工作队伍的素质和形象直接影响着高校思想政治工作的实效性，直接决定着高校“三全育人”工作质量的提高和目标的实现。

在当代高校“三全育人”教育中，高校“三全育人”队伍担负着设计、组织、实施、检验、总结和评估等各项任务，这些任务能否完成以及完成的效果如何，都与高校“三全育人”队伍的素质、结构和职能的发挥有直接关系。因此，重视和加强高校“三全育人”队伍建设，对于充分调动高校“三全育人”工作者的积极性、创造性以及实现高校“三全育人”目标具有极其重要的意义。

一、当代高校“三全育人”队伍概述

科学界定高校“三全育人”队伍，揭示当代高校“三全育人”队伍的职能及其特点，对于明确高校“三全育人”工作者的基本素质要求、探索高校“三全育人”队伍建设的基本任务和途径具有重要意义。

（一）当代高校“三全育人”队伍的相关内涵

1. 高校“三全育人”队伍

高校“三全育人”队伍有狭义与广义之分。狭义的高校“三全育人”队伍是指直接从事高校“三全育人”工作的专职高校“三全育人”工作者的组合，包括高校“三全育人”管理队伍、高校“三全育人”培育队伍、高校“三全育人”研究队伍。广义的高校“三全育人”队伍是指所有受党组织正式委托从事高校“三

全育人”的人员组成的群体，包括高校的全体党员、干部、教师等从事高校“三全育人”工作的人员。高校“三全育人”骨干队伍是高校“三全育人”计划的制订者和主要实施者，是决定高校“三全育人”水平、高校“三全育人”效果的主导力量。

2．高校“三全育人”队伍建设

高校“三全育人”队伍建设是按照以人为本的思想，通过科学选拔、培养、激励、指导、协调、评价高校“三全育人”工作，组织和建设高校“三全育人”队伍，最大限度地调动和发挥高校“三全育人”工作者在高校“三全育人”工作、管理研究中的积极性和创造性，全面地、高效地实现高校“三全育人”目标的过程。高校“三全育人”队伍建设既是高校“三全育人”管理的重要内容，也是各系统（部门、单位）人事管理的重要组成部分。高校“三全育人”队伍建设的重点是加强对高校“三全育人”专职队伍的建设与管理。

3．高校“三全育人”队伍的基本结构

高校“三全育人”管理队伍主要是由党政领导和党政部门中负责高校“三全育人”管理的专职、兼职政工干部，以及高校“三全育人”教学和研究人员构成的。而这种结构是一种多层次结构，它包括专业结构、年龄结构、知识结构、能力结构和个性结构。合理构建多层次结构是加强高校“三全育人”队伍建设的核心，是增强高校“三全育人”队伍实力、提高高校“三全育人”有效性的重要条件。因此，要想真正发挥高校“三全育人”工作在解决大学生的思想认识问题、化解矛盾和纠纷、增强合力、促进核心工作目标实现等方面的重要作用，党政领导及各部门要根据实际工作的需要，在高校“三全育人”队伍建设过程中科学合理地设置高校“三全育人”管理岗位，构建符合社会主义市场经济条件和高校“三全育人”管理要求的多层次结构的队伍。

（二）当代高校“三全育人”队伍的特点

高校“三全育人”队伍作为高校“三全育人”的具体实施者，具有以下几个特点。

1．阶级性

高校“三全育人”是在人类进入阶级社会后出现的一项社会实践活动，在各个国家的不同历史阶段都普遍存在。在阶级社会中，为了维护自己的统治地位，统治阶级必须推行符合本阶级思想观念的政策。政治观点和道德规范通过各种渠道和手段灌输给人们，从而影响人们的世界观、人生观、价值观，进而指导人们的行为。不同统治阶级的高校“三全育人”，虽然称谓、性质和内容可能有很大差异或者略有不同，但是在培养和造就为统治阶级服务的人才上是共通的。因此，阶级性是高校“三全育人”队伍最显著的特点。

毋庸置疑，当代高校“三全育人”队伍作为高校“三全育人”工作的重要组成部分，也带有明显的阶级性。高校“三全育人”队伍作为高校“三全育人”工作的具体实施者，是党、国家和人民利益的代表，自身有着明显的阶级属性。它持续地保护着我国的民众，满足他们的需求并接受他们的监督。育人必先修自身，高校“三全育人”队伍在实践中必须先自我修养，学习并掌握党和人民对思想政治品德的要求，然后根据大学生思想品德形成和发展规律，对大学生施加有目的、有计划、有组织的教育影响，促使大学生产生内在的思想矛盾运动，最终形成党和人民所期望的思想政治品德。

2. 层次性

世界上没有两片完全相同的树叶，人也如此。在现实生活中，每一个人的生活环境、经历、受教育程度不同，因此每个人都是独一无二的，即社会现实生活中的人存在个体差异性。而高校“三全育人”队伍正是由这些现实生活中的人组成的，因而也存在个体差异性，这些差异使得高校“三全育人”队伍具有明显的层次性。

高校“三全育人”队伍依据不同的标准可以划分为不同的层次。例如，从年龄角度来讲，高校“三全育人”队伍具有老年、中年、青年等层次；从受教育程度来讲，可划分为博士、硕士、本科、专科等层次：从其素质来讲，可划分为高、中、低等层次。高校“三全育人”队伍的层次性特点，要求我们在建设高校“三全育人”队伍的过程中针对不同的对象制订不同的规划，提出不同的层次要求，并且运用不同的方法，从而有针对性地提升不同层次的高校“三全育人”工作者的素质。

3. 动态性

组成高校“三全育人”队伍的是现实生活中的人，他们不仅存在个体差异性，还具有动态性。高校“三全育人”队伍的组成人员是动态变化的。从数量上讲，高校“三全育人”队伍组成人员的数量是动态变化的，可能是由于时间和空间上的人员派遣和调动，也可能是由于新成员的加入、老成员的离休，还可能是由于优者高升、不合格者被淘汰；从质量上讲，高校“三全育人”队伍组成人员的能力和素质是动态变化的，随着其参加高校“三全育人”社会实践活动，其能力和素质不断得到提升，进而带动整个教育队伍的素质逐步提升。因此，高校“三全育人”队伍具有动态性。

高校“三全育人”队伍的发展是一个逐步提高、不断推进的历史过程，不同的历史阶段具有不同的实现形式和具体内容。高校“三全育人”队伍的动态性，要求我们在建设高校“三全育人”队伍的过程中始终随着时代的变化不断更新高校“三全育人”队伍建设内容。

4. 系统性

高校“三全育人”队伍的内涵揭示了高校“三全育人”队伍是一个由多种要素有机构成的系统，各要素之间相互制约、相互促进、相互协商、联为一体。高校“三全育人”队伍的系统性，要求我们在提高队伍素质时，始终注意处理好队伍内与外的各种关系，整体规划、协调推进。

二、当代高校“三全育人”队伍建设的素质要求和内容

明确了高校“三全育人”队伍的内涵和特点，也就意味着明确了高校“三全育人”队伍建设对高校“三全育人”的重要性。因此，我们接下来要探究如何建设当代高校“三全育人”队伍。首先必须明确高校“三全育人”队伍建设的目标、要求和内容，只有明确了目标，才能保证高校“三全育人”队伍建设的大方向正确；只有明晰了基本素质要求，才能保证高校“三全育人”队伍建设更有针对性和计划性。当目标和基本素质要求都明确后，才可探究高校“三全育人”队伍建设的内容，因为内容是高校“三全育人”队伍建设的具体框架，也是预期达到的效果。

（一）当代高校“三全育人”队伍建设的素质要求

高校“三全育人”工作的质量不仅取决于大学生思想工作者的个人素质，而且取决于高校“三全育人”队伍的整体状况。所以，当代高校需要从两个方面来要求“三全育人”队伍的素质：一是对于从事高校“三全育人”工作的个人，要求他们在个人素质方面达到“政治强、业务精、纪律严、作风正”的标准，同时需要加强各个时期高校“三全育人”队伍的建设；二是提出针对高校“三全育人”队伍的整体要求，建立一个高水平的队伍，并且成员应具有马克思主义理论素养，政治立场坚定，注重理论与实践的结合。

高校“三全育人”工作者处于学生工作的第一线，其自身素质的高低直接影响工作的成效和学生素质的形成。因此，高校“三全育人”工作者具备良好的素

质结构是开展“三全育人”工作的基础和前提。个体的素质是指通过环境和教育的引导、自身不断的活动和历练，在先天遗传条件下形成和发展的一系列内在品质，包括智力和非智力的多种心理品质。这些品质相对稳定，对一个人的行为、态度和人格特质都有着深远影响。

高校“三全育人”工作者需要具备以下素质：正确的思想认识、优良的道德品质、高超的政治素养、积极的工作态度和高度的职业责任感；文化业务素质，包括高校“三全育人”专业知识、人文知识、管理学知识、心理学知识；基本素养，包括学术能力、教育能力、领导能力、协作能力、研究能力、学习能力和表达能力；身心素质涵盖多个方面，包括但不限于年龄、身体状况、精神状态、个性特征以及心理健康等方面；最为关键的素质是坚定的思想政治意识和高尚的道德品质。

1. 思想政治素质要求

高校“三全育人”工作者负责大学生的思想、学习、生活等各个方面，其思想和言行对每个学生有着潜移默化的影响，这就要求高校“三全育人”工作者具备过硬的思想政治素质。

（1）坚定的政治方向

高校“三全育人”工作者必须具有坚定正确的政治方向，坚持党在社会主义初级阶段的基本路线，具有一定的马克思主义理论基础和政策水平，有较强的政治分辨能力。

（2）扎实的政治理论素养

高校“三全育人”工作者要全面理解并把握马克思列宁主义、毛泽东思想、邓小平理论、“三个代表”重要思想、科学发展观、习近平新时代中国特色社会主义思想的精神实质；要坚持党的基本路线、方针、政策，在政治上、思想上同党中央保持一致，具有较强的政治敏锐性和鉴别力；要遵守《宪法》和法律，对国家的教育方针、法规等有正确的认识并能做出明确的解释。

（3）社会主义理想人格

高校“三全育人”工作者要树立辩证唯物主义和历史唯物主义世界观，对人生观和价值观持正确的看法，持续前进并具备创新精神；能够正确地处理挫折和问题，培育社会主义榜样，并拥有高度的责任感和奉献精神；热衷于学生教育，并热爱高校“三全育人”工作。

（4）崇高的职业道德

“德高为师，身正为范”，高校“三全育人”工作者要注重自身良好品德的形成，持续提高个人素养，妥善平衡国家、集体以及个人的利益关系，以身作则，做出表率，努力工作，秉持公正无私的原则，自律要求严格，并培养良好的师德。

2. 管理能力素质要求

高校“三全育人”工作成效如何，取决于高校“三全育人”工作者能力素质的高低。高校“三全育人”工作者其他素质要求的最终落脚点也是能力。

（1）组织管理能力

高校“三全育人”工作者需要既能够在宏观和全局层面上进行决策和调控，又能够在微观和具体的细节层面上进行指导和管理。他们需要不断规划好学生组织各机构的职责、权力和利益，并学会优化配置各种资源，如人力、财力、物力、信息和时间等，以实现管理的科学化、规范化和制度化。只有这样，高校“三全育人”工作者才能在全面执行学校各项规章制度的基础上，进行校园文化活动和社会实践活动。

（2）教学能力

大学生思想政治理论课是一门科学，也是一门艺术。只有坚持科学性，应用事实和逻辑的力量，才会有说服力、震撼力和穿透力；只有讲究教法、尊重教学规律，善于将学科语言、教材语言转变为生动的教学语言，才能够吸引学生的目光，调动学生思考的积极性和学习兴趣。高校“三全育人”工作者要高度注重对教学方法的研究，经常组织公开课相互观摩切磋，通过集体备课交流经验，推广先进教学成果。

（3）语言文字表达能力

高校“三全育人”工作者需要具备娴熟地运用言辞的能力，掌握确切、庄重的表达方式，同时保持通俗易懂、生动有趣的特点；掌握对话和辩论的语言技巧，可以在公开场合精准地表达自己的观点；有效地传达工作思路是非常必要的，这样才能向上级反映问题并向下宣传，因此高校“三全育人”工作者必须掌握准确的语言表达能力；能够针对大学生的思想和心理特征，采取个别的谈心和说服教育措施。此外，高校“三全育人”工作者需要掌握各种常见文体的写作技巧，包括调查报告、情况反映、信息简报等。

（4）获取知识的自学能力和科研能力

高校“三全育人”的一线工作者必须拥有博大而精深的知识储备。随着社会的发展，高校“三全育人”工作者要与时俱进，通过自学不断地丰富和完善自身的知识储备。同时，高校“三全育人”工作者还要不断提升科研能力，进而及时发现和解决工作中出现的新情况、新问题。

（5）分析判断能力

随着当代社会的进步，不确定因素在不断地增加，简单原因也可能导致复杂事件的发生，高校“三全育人”工作者与学生面临着许多无法提前做好准备的紧急事件。因此，高校“三全育人”工作者需要通过实践活动来锻炼自己在复杂环境下的能力，增强自己的意识敏锐度以及灵活处理问题、迅速做出决策的能力。

3.综合业务素质要求

面对知识层次较高、求知欲强的大学生，作为其健康成长的引路人和指导者，高校“三全育人”工作者需要具备学生工作领域的业内知识，并拥有多种知识技能和高度的综合素质。这意味着多元的知识结构和出色的知识储备是高校“三全育人”工作者成功开展学生工作的必要基础。

（1）具有完善的知识结构

高校“三全育人”工作者应具备全面的学科知识体系，包括系统的马克思主义理论知识、专业知识以及其他相关知识；需要不断学习和掌握从事思想政治工作所需的专业知识和技能，并具备广泛的社会科学知识和自然科学知识，以及优良的文化素质。

（2）具备专业知识

高校“三全育人”工作者应具备的专业知识包括高校“三全育人”学生事务管理、学生发展指导的基本理论，还要掌握心理学、教育学、伦理学、管理学、法学、社会学、职业指导等方面的专业知识和实际能力。

（3）熟悉大学生的思想特点和心理特征

高校“三全育人”工作者应掌握学生教育管理的一般规律、方法和基本知识，增加自身的知识储备，不断加厚自身的文化底蕴。

4.健康的身心素质要求

高校“三全育人”工作的性质，决定了高校“三全育人”工作者不仅要身体好，更应具备良好的心理素质。

（1）强健的身体素质

强健的身体素质是工作进行的保障。高校“三全育人”工作者强健的身体素质即身体发育良好、功能正常，具有充沛的精力，能够承受住工作压力，懂得随机应变，能很快适应外界环境的各种变化等。

（2）一定的心理学知识

高校“三全育人”工作者需要不停地学习心理学知识，加强心理训练；了解心理发展规律、自我认知特点，正确认识“三全育人”角色；掌握心理调控方法和宣泄方式，培养良好情绪反应和适应能力，保持乐观心态以及提高抗干扰力。

（3）一定的心理教育能力

高校“三全育人”工作者应当学习心理疾病的一般知识，包括了解常见表现、成因以及处理方法，同时强化自身心理教育能力。在为学生开展心理疏导工作时，也要注意自己内心的负面情绪和压力，要及时释放，以保证个人心理健康。

随着知识经济的发展和素质教育的推行，高校“三全育人”队伍在高校“三全育人”工作中发挥着越来越重要的作用。因此，高校应根据高校“三全育人”工作者素质要求挑选和培训高校“三全育人”骨干，同时高校“三全育人”工作者也要不断提高自身素质。建设一支信念坚定、业务精湛、专兼结合、功能互补的高校“三全育人”队伍是当代高校“三全育人”队伍建设的目标，也是高校“三全育人”队伍建设的基本任务。

（二）当代高校“三全育人”队伍建设的内容

高校“三全育人”队伍建设的意图是提高大学生思想政治教育队伍的综合素质，调整高校“三全育人”队伍的整体构建，进一步提升高校“三全育人”工作的实效。所以，需要在以下几个方面加强高校“三全育人”队伍的建设。

1. 优化高校“三全育人”队伍结构

高校“三全育人”队伍结构指的是高校“三全育人”队伍内部各个要素之间的稳定联系方式，它是确保高校“三全育人”队伍完整性和有序运作的内在依据。高校“三全育人”队伍构成了一个控制各个要素行为和发挥作用的框架，促使这些要素相互关联和互动。因此，在相同的情况下，高校“三全育人”队伍的构成不同，其主要职能也就不同。

高校“三全育人”队伍的结构主要包括专业结构、学历结构、年龄结构、职称结构等。高校要优化“三全育人”队伍结构，增强“三全育人”队伍的软实力。

（1）优化专业结构

专业结构是指高校“三全育人”队伍中不同专业人才的比例。一个高效的专业结构，应使各类专业人员按工作的性质、服务以一定的比例合理组合。高校“三全育人”队伍的专业结构也是动态变化的，必须动态地加以调节。

合理的知识结构主要指高校“三全育人”工作者必须具备的理论知识、专业知识和辅助知识。理论知识主要是指马克思主义的理论知识，即哲学、政治经济学、科学社会主义、党的建设和党的历史等方面的知识，这是高校“三全育人”

这门学科的理论基础。专业知识主要是指高校“三全育人”的基本理论和工作业务等方面的专业知识，还包括与高校“三全育人”关系比较密切的心理学、教育学、伦理学、社会学、法学、管理学以及行为科学等方面的专业知识。辅助知识主要是指历史学、语言学、逻辑学、文化艺术以及现代新兴学科等方面的知识，还包括高校“三全育人”工作者所在单位的有关科学技术、生产、业务等方面的一般常识性知识。

高校“三全育人”队伍主要应由以下几类专业毕业的人员构成：一是高校“三全育人”专业毕业的人员；二是与高校“三全育人”直接相关的专业，如中文、心理学、法律、艺术等专业毕业的人员；三是与高校“三全育人”环境及工作对象直接相关的专业，主要是本校所设各类专业毕业的人员。同时，非高校“三全育人”专业毕业的人员也必须掌握高校“三全育人”专业的基本理论。高校“三全育人”专业毕业的人员也必须掌握一定的相关学科的专业知识。

新时代高校“三全育人”工作者的知识结构应该是一个开放的、动态的系统，要随着社会的发展、知识的更新、工作任务的变化不断充实、更新和调整，从而适应社会历史的发展趋势，更好地胜任高校“三全育人”工作。

高校“三全育人”工作的政策性、知识性、专业性较强，有着自身的特殊要求，高校“三全育人”队伍既要有专业知识精通、工作经验丰富的一线干部，也要有善于做党务、行政事务工作的干部。

（2）优化学历结构

学历结构指的是高校“三全育人”队伍中不同学历或学位所占比例的构成。通常情况下，学历是衡量一个人接受过的正规教育程度的指标，也是反映一个人文化知识水平的标志。大学是一个知识和人才聚集的文化高地，大学教育的目标是全方位培养学生。高校“三全育人”队伍必须具备相对高水平的学历结构。由于不同人员的文化知识水平有所差异，高校在培育“三全育人”队伍时，应考虑到不同层次的学历要求，不能一概而论。然而，从高校的实际情况出发，提升“三全育人”队伍的学历结构、达到最高水平是至关重要的。

（3）优化年龄结构

为了让高校“三全育人”工作更加完善，需要重点培养和选拔年轻的、政治坚定、业务精湛、作风优良、文化水平较高的同志，把他们纳入高校“三全育人”部门，从而优化基层高校“三全育人”队伍的结构。此外，高校还应充分利用退休老同志、老干部、老教师、老工人、老劳模等具备的独特技能以及他们擅长的领域。高校“三全育人”队伍的年龄结构应该为梯形结构，包括老、中、青三个层次，并且中青年员工的比例应该较大，这种结构可以有效保持队伍的稳定性与可持续性，并且为团队的持续发展提供充足的活力。这种年龄搭配还能够有效地利用各年龄层的人员特点，提高团队整体效益，有助于高校推动“三全育人”队伍的发展与更新换代，使大学生思想政治教育队伍保持稳定、持续的发展。

（4）优化职称结构

职称结构是指高校“三全育人”队伍中各种职称人员的比例分配。为了适应高校“三全育人”工作和诚信制度的需要，一个优化的职称结构应该以中高级职称为主体，并且要合理搭配高级职称、中级职称和初级职称，打造完善的职称晋升梯队，以达到更好的实效。

2. 提高高校“三全育人”工作者的政治素质

政治素质是高校“三全育人”工作者从事高校“三全育人”活动必须具备的政治条件和政治品质。政治素质是高校“三全育人”工作者应具备的最基本的素质，对其他素质起着支配和决定的作用。

（1）过硬的政治理论素养

高校“三全育人”工作者要深入领会和掌握马克思列宁主义、毛泽东思想、邓小平理论、“三个代表”重要思想、科学发展观、习近平新时代中国特色社会主义思想的本质；必须在政治上、思想上与党中央保持一致，致力于践行党的基本路线、方针、政策，具有较强的政治敏锐性和鉴别力；要遵守《宪法》和法律，对国家的教育方针、法规等有正确的认识并能做出明确的解释。

（2）崇高的政治觉悟

政治觉悟是一个人的理想信仰、政治立场及政治认知水平的综合表现。高校“三全育人”工作者必须坚定社会主义和共产主义理想理念，在重要问题上保持坚定不移的立场；必须坚定地站在党和人民的立场上且不动摇；必须坚定地信仰辩证唯物主义和历史唯物主义，秉持全心全意为人民服务的信念，不断提升自己的政治思想水平和认知能力，致力于出色地完成自己的工作任务。

（3）鲜明的无产阶级政治立场

所谓政治立场，是指一个人在观察和处理政治问题时的基本出发点，它集中地反映着一个人所代表的阶级利益。因此，立场问题是一个根本问题。高校“三全育人”队伍必须坚定地站在无产阶级和广大人民群众的立场上，始终坚持从无产阶级和广大人民群众的根本利益出发来观察和处理各种问题。在现阶段，就是要坚定不移地坚持党的基本路线，自觉地在思想上、政治上同党中央保持高度一致，坚决同一切违背党的基本路线、损害人民利益的错误倾向作斗争。

（4）优良的道德品质

道德品质是一定社会的道德原则和规范在个人观念和行为中的体现，是一个人在一定的道德行为中表现出来的稳定的特征和倾向。高校“三全育人”工作者必须具备优良的道德品质。

首先，要树立正确的德育观。育人是学生工作的出发点和归宿，育人和塑造人的灵魂是一项充满希望而又异常艰辛的事业，高校“三全育人”队伍要树立“育人为本”“德有为先”的理念，爱岗敬业，无私奉献，忠于党的教育事业。

其次，要具备崇高的职业道德。高校“三全育人”工作者要注重自身良好品德的形成，不断提高自身修养，正确处理好国家利益、集体利益与个人利益的关系，为人师表，率先垂范，勤勉工作，公正无私，严以自律，养成良好的师德。

最后，高校“三全育人”工作在很大程度上就是在高校“三全育人”工作者的言传身教和示范作用下进行的，高校“三全育人”工作者必须做到以身作则、言行一致、表里如一，并且持之以恒。当前，广大高校“三全育人”工作者还必须带头学习社会主义荣辱观，在思想道德品质方面为广大人民群众做出表率。高校“三全育人”工作者只有以优良的道德品质出现在人民群众面前，才能得到人民群众的真心拥护，才能在广大人民群众中具有很强的影响力和号召力。

提高高校“三全育人”队伍的素质，加强学习培训是一条重要途径。高校应通过组织各种形式的学习培训，帮助他们提高能力和素养，增强政治敏锐性和政治鉴别力以及责任感和使命感。

3. 加强高校“三全育人”队伍的能力建设

加强高校“三全育人”队伍建设，从个体上讲，要围绕提高高校“三全育人”工作者的素质和能力这个主线来开展。高校“三全育人”队伍建设的核心问题，是提高高校“三全育人”队伍的素质和能力。高校“三全育人”工作者必须具有较强的工作能力，才能保证高校“三全育人”工作的有效开展。高校“三全育人”工作者必须具备多种能力，主要包括以下几个方面。

（1）组织管理能力

在高校“三全育人”过程中，需要组织各种教育力量，以发挥教育合力的作用。因此，高校“三全育人”队伍要有较强的组织管理能力，能够协调各方面的力量开展高校“三全育人”工作；能够在搜集、整理各种思想信息的基础上，制订计划并付诸实施；能够熟练、独立地组织各种高校“三全育人”活动，如报告会、讨论会、总结会等。唯有如此，高校“三全育人”队伍才能在贯彻执行学校各项决定和规章制度的基础上，组织开展丰富多彩的校园文化活动和社会实践活动。

（2）分析研究能力

人的思想认识问题看不见、摸不着，并涉及社会生活的方方面面，加上现代社会的不断发展，社会生活中的一些不确定因素逐渐增多，对高校“三全育人”工作者分析问题、研究问题的能力提出了较高的要求。高校“三全育人”工作者必须在正确把握党和政府的路线方针政策的基础上，密切关注社会生活，广泛涉猎各领域、各学科的知识，全面运用政治学、伦理学、统计学等学科的知识，分析研究大学生的思想状况，抓住其思想认识问题的实质，有针对性地开展工作。同时，也使大学生在复杂环境的实践锻炼中培养和提高审时度势、灵活反应、当机立断的能力。

（3）语言文字表达能力

高校“三全育人”工作者要能做到吐字清晰、表达准确、言简意赅、幽默生动、逻辑严密；要努力掌握谈心谈话、对话、辩论的语言技巧，能够在公开场所准确表达自己的观点，善于进行演讲和宣传；要善于把自己的工作思路准确地用语言或文字表达出来，以便向上反映问题，向下进行宣传；要善于针对大学生的思想实际和心理特点，进行个别谈心和说服教育。此外，在实际工作中，高校“三全育人”工作者也要具备工作计划、调查报告、情况反馈、经验总结等常用文体的写作能力。

（4）研究新问题的能力

一方面，高校“三全育人”工作者要以马克思主义为指导，紧密结合现阶段高校“三全育人”工作的实际，积极开展高校“三全育人”理论研究。高校应通过组织调查研究、总结交流经验、举行专题研讨等各种形式，鼓励高校“三全育人”工作者钻研高校“三全育人”理论，不断提高其理论水平、分析能力和写作能力。另一方面，高校应积极吸收党校、行政学院和社科研究机构中理论水平高、研究能力强的专家学者作为高校“三全育人”队伍的骨干力量，注重发挥外力的作用，提高高校“三全育人”队伍整体的研究能力，为新时代高校“三全育人”的实践提供智力支持和理论指导。

（5）沟通协调能力

学生工作是一项复杂的系统工程，因此高校“三全育人”队伍要善于协调上下、左右、内外等各方面的关系，既要经常与领导、任课教师、班主任等保持密切的联系与沟通，又要协调好与学生、学生干部的关系。

4. 提升高校“三全育人”队伍的科学管理水平

高校“三全育人”队伍管理是指对高校“三全育人”工作者进行选拔、培养、使用和考核的过程。加强高校“三全育人”队伍管理，对于提高高校“三全育人”队伍的整体素质、发挥高校“三全育人”队伍的整体功能、保证高校“三全育人”系统的正常运行具有十分重要的意义。

（1）做好选拔工作

一名合格的高校“三全育人”工作者必须具备从事高校“三全育人”工作的基本素质，并热爱高校“三全育人”工作。只有将合格者选拔和充实到高校“三全育人”队伍中，才能建设一支精干的高校“三全育人”队伍。

（2）优化培训机制

人和事物都是发展变化的，为保证高校“三全育人”工作与时俱进，必须加强对高校“三全育人”工作者各种能力和素质的培养。而其中非常重要的途径就是不断健全和完善课前培训、学习制度、导师培训、选送培养、实践锻炼和理论研究等，形成长效机制，并使这些机制的实效得到最大限度的发挥。

（3）正确使用人才

毛泽东曾指出：“必须善于使用干部。领导者的责任，归结起来，主要是出主意、用干部两件事。”[①] 因此，正确地使用高校“三全育人”工作者，是高校“三全育人”队伍管理的中心环节。高校应遵循任人唯贤、因事择人、量才适用、特性互补、信任爱护等原则，正确地使用高校“三全育人”工作者。

（4）健全考评机制

加强对高校“三全育人”工作者的科学考核往往是高校“三全育人”工作的中心，具有重要的导向作用。考核又是高校“三全育人”队伍管理的一项重要内容，不仅是高校“三全育人”工作者晋升的依据，也是总结经验、发现问题、奖励先进、鞭策后进不可缺少的手段。

三、高校“三全育人”队伍的结构及职能

（一）高校“三全育人”队伍的结构

高校“三全育人”队伍的结构主要包括三个部分：第一，管理结构；第二，职能结构；第三，人员结构。

---

① 导读编写组.《毛泽东选集》（第二版）导读[M]. 北京：新华出版社，1991.

1．管理结构

高校“三全育人”队伍的管理结构主要是指为了更好地完成高校“三全育人”任务而建立的科学管理的运行机制，这种运行机制要充分体现党政合力、专兼合一、齐抓共管、管教结合的指导原则。

（1）党政合力

党政合力是指党、政两个系统的力量要拧成一股绳，充分体现出领导得力、工作得力、措施得力。

（2）专兼合一

专兼合一是指专职和兼职两支队伍合二为一，专职为骨干，兼职是基础，工作上一个方向、一个目标、一个步调。

（3）齐抓共管

齐抓共管是指调动一切力量，发动所有人员共同管理，党、政、集团齐心协力，紧密配合，各单位和各部门行动一致，通力合作。

（4）管教结合

管教结合是指教育和管理紧密结合，以教育带动管理，用管理促进教育。在管理过程中要敢于管理、善于管理、严于管理，体现从严治校的原则；在教育过程中要进行针对性教育、联系实际教育、全方位综合效能教育，体现教育为本的原则。

2．职能结构和人员结构

高校“三全育人”队伍主要履行的职能有理论教育、工作管理、日常教育理论研究。因此，高校“三全育人”队伍主要包括四个部分：负责高校“三全育人”工作的领导和管理干部；负责高校“三全育人”理论教学的人员；负责日常高校“三全育人”管理工作的人员；负责高校“三全育人”理论研究的人员。这四部分人员构成了高校“三全育人”队伍的主体。

合理的人员结构主要是指高校“三全育人”队伍，特别是对专职队伍在比例、年龄、职称、学历等方面进行科学的配备和充实，从而提高这支队伍的整体素质，产生最佳功效。

（1）比例结构

比例结构指的是从事高校“三全育人”工作的专职人员占学校学生总数的比例。合理的比例结构是开展高校“三全育人”必要的组织保证。高校要根据实际工作需要，科学合理地配备足够数量的专职辅导员和班主任。专职辅导员总体上按学生人数的 1 ∶ 200 来配备，保证每个院的每个年级都有一定数量的专职辅导员。

(2) 年龄结构

年龄结构是指高校"三全育人"队伍中，不同年龄人员的比例构成和相互关系，主要分为老、中、青三部分。高校"三全育人"工作是一项具有多种职务和任务的复杂工作，有的任务需要由有丰富经验的年长者来承担，有的则需要由有创新意识的年轻人来完成。因此，高校"三全育人"队伍应该是一支老、中、青相结合的具有合理比例的综合体，并处于不断发展的动态平衡中。

(3) 职称结构

职称结构是指高校"三全育人"队伍同其他业务教师一样具有合理的职称分布，合理的职称结构对于队伍的建设和稳定、提高队伍的素质具有重要意义。一般来说，高校"三全育人"队伍中的助教应占 40% 左右，讲师应占 40% 左右，教授、副教授占 20% 左右。由于队伍存在着老龄化和后继乏人的情况，可以根据需要选择那些具有高级职称的同志。

(4) 学历结构

高校"三全育人"工作的对象是大学生群体，这就要求高校"三全育人"工作者具有较高的正规教育学历。从长远看，高校"三全育人"工作者应达到硕士水平，其中有的工作者应达到博士水平，至少也应达到双学位水平或本科学位水平。

高校"三全育人"队伍合理结构的建立应该遵循一些基本原则，包括实效性原则、科学性原则、高效能原则、长远性原则和精简原则。这是因为高校"三全育人"管理的根本目的在于完成教育职能，实现人才的培养目标，这应当成为建立合理结构的根本出发点和归宿。

（二）高校"三全育人"队伍的职能

高校"三全育人"队伍的职能是指高校"三全育人"工作者的职责和功能。我们认为，高校"三全育人"队伍在高校育人工作中，具有教育职能、管理职能、协调职能和科研职能。

1. 教育职能

教育职能是指高校"三全育人"工作者在实施和管理教育方面的责任与作用。这一职能是高校"三全育人"队伍最基本的职能，是其他职能的基础和归宿，也是实现高校"三全育人"目标的决定性因素。教育职能主要包括以下四个方面。

(1) 传授

通过系统宣讲、辅导自学、日常教育、指导实践等途径，有组织、有计划地对师生尤其是大学生群体进行马克思主义思想政治理论教育，从根本上提高他们的思想政治觉悟、认识世界和改造世界的能力，引导他们确立坚定正确的政治立场、政治观点、政治理想、政治信仰、政治态度、政治品质，引导他们的思想行为向社会主义方向发展。这是高校“三全育人”队伍的首要职能。

（2）激励

帮助和引导师生将自身利益与国家和集体的利益统一起来，增强社会责任感和历史主体意识，激发和鼓励他们充分发挥自己在学习和工作等方面的积极性和创造性。在高校中，激励最基本的任务是激发大学生形成积极的动机，而激励的方法很多，其中最为普遍的方法是奖励。奖励是对学生的正确思想和行为的肯定，也是巩固和进一步激发积极性的途径。奖励可以分为物质奖励和精神奖励。在施行奖励时，要讲究奖励的艺术性，将物质奖励和精神奖励相结合，并在奖励过程中始终贯穿细致深入的高校“三全育人”工作。除此之外，激励的方法还包括民主激励、强化激励、关怀激励等。各种激励的方法和手段应当根据不同对象、不同情况加以运用，以达到激发学生的积极性、能动性和创造性的目的。

（3）转变

帮助和引导学生积极正确地开展思想斗争，自觉地进行思想改造，克服各种不健康的、错误的思想意识，使错误思想转变为正确思想，使非无产阶级思想转变为无产阶级思想。要想保证大学生健康成长，高校“三全育人”工作者不仅要进行正面教育，还应该在各种情况下，通过及时的教育引导使大学生避免或纠正错误，保证他们的健康成长。

（4）调节

高校“三全育人”工作者应调节学校内部人与人之间的关系、调节个人的心理状况、化解师生之间的各种矛盾，为培养大学生思想行为的健康发展创造良好的内部心理环境和外部人际环境。大学生生活在群体之中，由于每个人的思想观念不同，兴趣、性格等个性有所差异，再加上每个人对整体情况了解的局限性，必然导致群体之间、个人之间、个人与群体之间存在分歧，这些分歧如果不能得到有效解决，便会造成隔阂，从而影响大学生的健康、团结和学习。人生活在环境之中，受环境的影响极大。环境不仅影响人的情绪，而且影响人的思想和品行。良好的环境不仅能使人心情舒畅，而且能够陶冶人的性情、激发人奋发向上。因此，高校“三全育人”队伍的一项十分重要的工作就是净化、美化和优化学校的育人环境，充分发挥环境育人的作用。

2. 管理职能

管理职能是指高校“三全育人”工作者按照一定的高校“三全育人”目的，依据教职工和学生的思想状况和思想行为规律，运用各种管理手段，对他们进行的教育、引导和塑造。管理是不可缺少的一部分，有效的管理不仅可以强化教育影响，促使工作对象养成良好的行为习惯，提高他们的组织性、纪律性和遵纪守法的自觉性，而且可以为教育的顺利实施提供组织上和制度上的保证。高校“三全育人”队伍的管理职能主要表现在以下三个方面。

（1）目标管理

依据社会要求和师生思想状况及其发展的需要，确定高校“三全育人”的总目标和分目标，组成目标体系，使各个个体都能有明确而又具体的目标，并围绕目标的实现展开一系列管理活动。通过一个个具体目标的实现，不断促进高校“三全育人”总目标的实现。

（2）制度管理

依据高校“三全育人”目标，制定合理的规章制度，通过各项规章制度的贯彻、实施、检查、反馈与处理，引导和规范师生的各种行为，使其养成良好的行为习惯。

（3）组织管理

依据高校“三全育人”目标，通过党组织、共青团组织、工会组织、学生会组织、教研室、班级等各种组织形式对广大师生进行管理，运用组织纪律、集体舆论等手段，引导和规范师生的行为。

3. 协调职能

协调职能是指高校“三全育人”工作者按照一定的高校“三全育人”目的，运用各种手段，协调校内外各种相关因素和力量，发挥积极作用，使之形成高校“三全育人”工作合力，以便取得最佳教育效果。在高校“三全育人”过程中，教职工和学生正确思想和优良品德的形成，是各种教育力量和因素合力作用的结果。高校“三全育人”队伍的协调职能主要包括以下五个方面。

（1）协调学校教育与社会教育及社会影响之间的关系

积极争取各种社会教育力量对高校“三全育人”工作的支持和配合，充分利用社会环境的积极影响，克服和消除社会环境的消极影响，以便达到社会教育及社会影响与学校教育在方向上的一致。

（2）协调学校教育与家庭教育及家庭影响之间的关系

利用家庭教育及家庭影响的自发性和直观性，使家庭教育及家庭影响与学校教育在方向上保持一致或基本一致。

（3）协调学校内部各种教育力量和因素之间的关系

高校“三全育人”工作者应使高校“三全育人”工作与教学科研工作、行政后勤管理工作相结合，德育与智育、体育相结合，高校“三全育人”队伍的育人工作与其他教育者的“教书育人”“管理育人”“服务育人”工作相结合，从而形成全方位的高校“三全育人”格局。

（4）协调高校“三全育人”队伍内部的关系

高校应使所有高校“三全育人”部门、组织和高校“三全育人”工作者都能围绕高校“三全育人”的目标和一个时期的中心任务开展高校“三全育人”工作，避免相互冲突或重复劳动，以使高校“三全育人”队伍能够发挥最大的整体功能。

（5）协调大学教育与中学教育之间的关系

相关部门应通过沟通和反馈调节，使大学教育与中学教育相互衔接，从而使中学教育能够为大学教育奠定良好基础，使大学教育能够按照学生思想品德形成和发展的规律循序渐进。

4. 科研职能

科研职能是指高校“三全育人”工作者在实践的基础上，运用马克思主义的立场、观点和方法对高校师生尤其是大学生思想行为规律和高校“三全育人”规律的分析、研究和探索。高校“三全育人”工作者不仅需要有良好的实践能力，而且必须具备优秀的研究能力；通过深入的研究，发现与分析新问题，找到解决这些问题的思路与办法，提高驾驭新时代思想政治工作的水平。加强高校“三全育人”理论研究，是实现高校“三全育人”科学化的重要前提，也是提高高校“三全育人”工作者素质的重要途径。高校“三全育人”队伍的科研职能主要包括以下两个方面。

（1）基础理论研究

高校“三全育人”队伍应系统研究马克思主义关于高校“三全育人”的基本理论，科学总结高校“三全育人”的历史经验，有机地吸取相关学科的理论成果；着力揭示高校“三全育人”的内在规律，建立和完善高校“三全育人”的理论体系，使高校“三全育人”真正成为一门科学。目前，这项工作已经取得了不少有价值的成果，但要完全科学地揭示高校“三全育人”的规律还有许多工作亟待完成。

（2）应用理论研究

高校“三全育人”队伍应以马克思主义为指导，着力研究和解决现阶段高校“三全育人”工作中出现的各种新问题，及时总结高校“三全育人”的新经验，努力探索社会主义市场经济条件下高校“三全育人”的新机制、新方法和新途径，为加强和改进高校“三全育人”工作提供可操作的理论指导。

教育职能、管理职能、协调职能和科研职能是高校“三全育人”工作者的四项基本职能，这四项基本职能既相互区别，又相互联系、紧密配合。教育职能是其中最基本的职能；管理职能是教育职能的重要补充；协调职能是实现教育职能的内在要求；科研职能为发挥教育职能、管理职能和协调职能提供理论指导，又能实现教育职能、管理职能和协调职能的实践。如果其中某一项职能没有得到发挥，高校“三全育人”的效果就会受到影响。当然，就各个高校“三全育人”机构和人员来说，由于各自的工作任务不同，其基本职能发挥的侧重点也不同。但是，每个高校“三全育人”机构和个人都必须履行这四项职能，才能切实做好自身的工作，并保证高校“三全育人”整体目标的实现。

此外，高校“三全育人”队伍不仅影响学生，而且影响教师。高校“三全育人”工作者既是教师中的普通一员，又是对学生进行高校“三全育人”的人员，他们能否以身作则、身体力行，直接关系着高校“三全育人”工作的成效。他们通过自身的努力，一方面教育引导全体学生，另一方面为教师树立榜样。

四、高校“三全育人”队伍建设现状

（一）高校“三全育人”队伍的现状分析

总体来讲，目前高校“三全育人”队伍是适应新时代工作发展需要、具有旺盛生命力的，其功绩不可否认；但是也应承认，在“三全育人”队伍建设方面还存在一些不尽如人意之处，队伍的整体素质需要进一步提高。

1. 队伍思想观念与新形势不相适应

在高校“三全育人”队伍中，有的教育者习惯于陈旧的思维定式和工作方法，不注意研究新形势下出现的新情况、新问题，不富于创造性地开展思想政治工作；有的教育者事业心和责任感不强、精神不振，工作得过且过，学习抓得不紧，思想落后于时代，对掌握运用新的科技手段缺乏积极性；有的教育者工作针对性有待提高，无法提高工作的实际质量和效果，缺乏开拓创新的精神，难以适应形势的发展。

2. 队伍有待稳定，后备队伍匮乏

改革开放之后，市场的配置作用日益明显，人们可以通过不同的方面来实现人生价值。在发展市场经济大潮的影响下，人们对物质利益的追求日益突出，对政治荣誉的向往则逐渐淡漠。在这样的社会环境下，一些理论教育工作者认为，理论教育走下了过去的神坛、失去了原来的社会美誉，也不再有往日的光环，自我感到从事理论教育工作的底气不足，没有从事理论教育的光荣感和成就感；有的理论教育工作者想方设法跳槽改行。

3. 理论研究的水平有待提高

部分高校“三全育人”工作者对高校“三全育人”教学规律的研究还较为薄弱，具有针对性的、因时因地制宜的研究更少，理论研究与实践两层皮，造成了一种假繁荣的景象。研究论文论著成倍增长，教育实践过程却办法不多、实效不大。高校“三全育人”研究的方法单调，要么是政策法令引用式，要么是工作经验总结式，要么是调查报告式，理论研究的薄弱进一步降低了高校“三全育人”队伍的科研兴致。

4. 工作环境不够理想

有的高校对教学科研等行政业务工作比较重视，没有把大学生日常思想政治工作摆在应有的位置；有的高校忽视日常思想政治工作的专业要求，不重视教育培训工作，对改善思想政治工作队伍的结构认识不高，措施不力；有的高校思想政治工作者地位不高、待遇偏低，导致队伍人心不稳。

5. 队伍的发展机制有待完善

队伍的发展机制有待完善主要表现在高校“三全育人”工作者个人发展的保障机制尚未完善；“三全育人”队伍特别是高校一线辅导员的发展前景不明朗；思想政治理论课教师的培训机制有待健全；高校“三全育人”队伍特别是一线辅导员的待遇有待提高。

（二）高校“三全育人”队伍建设问题解决对策

第一，建立健全教师聘任制度，注重选拔政治立场坚定、思想成熟、具有前瞻性的教育者；加强专业培训和学术交流，提高教育者的政治素养和教育水平。

第二，加大对青年教育者的培养和引进力度，建立健全教育工作者激励机制，提高其工作满意度和稳定性；加强学科带头人的培养计划，为队伍提供更多的发展机会。

第三，加强教育者的理论学习，并鼓励他们参与教育研究和学术交流活动；建立教师发展基金，支持教育者参加培训课程、学术会议和研讨会，提升其理论水平。

第四，改善教育者的工作条件，提供良好的教学设施和资源支持，营造积极向上的工作氛围；加强与学生和家长的沟通，建立有效的反馈机制，促进教育者与学生之间的良好互动。

第五，建立健全的评价体系，将教育者的绩效考核与职业发展挂钩，激励其不断提升自身能力；加强队伍培养规划，为教育者提供明确的晋升和发展路径，鼓励他们制订职业发展规划和学习计划。

第三节 “三全育人”运作机制

习近平总书记在2018年全国教育大会上发表重要讲话，从党和国家事业发展的全局高度，深刻阐述了坚持立德树人、加强学校思想政治工作的重大意义。他指出，“培养什么人、怎样培养人、为谁培养人”是高校思想政治工作的根本问题，高校要坚持把立德树人作为中心环节，把思想政治工作贯穿教育教学全过程，实现全程育人、全方位育人，努力开创我国教育事业发展新局面。[①] 中共中央、国务院《关于加强和改进新形势下高校思想政治工作的意见》提出，坚持全员全过程全方位育人，把思想价值引领贯穿教育教学全过程和各环节，形成教书育人、科研育人、实践育人、管理育人、服务育人、文化育人、组织育人长效机制。“三全育人”综合改革成为新时代大学生思想政治教育工作的重要方面，在长期的教育实践过程中，深刻体现了全员育人、全程育人、全方位育人的教育理念，将育人过程与学校办学定位、人才培养目标、学生的价值创造、个性发展相融合，坚持以教师为主导、以学生为主体，改革人才培养模式，以实践为主线，构建了全程、立体、动态的育人体系。多年的教育实践探索为“三全育人”综合改革体系积累了宝贵的经验，构建了完善的体系，将对高校实施“三全育人”综合改革提供一定的理论和实践参考。

一、新时代高校“三全育人”总体目标

高校“三全育人”具有清晰可行的目标，只有准确定位和掌握这些目标，才能围绕这些目标开展形式多样、丰富多彩的育人活动，使“三全育人”工作达到春风化雨、润物无声的效果。

① 本刊编辑部．全国教育大会发言摘编[J]．中国农村教育，2018（17）：6–7.

（一）高校“三全育人”目标的定位

高校“三全育人”的总体目标是教育引导大学生确立在中国共产党领导下走中国特色社会主义道路，实现中华民族伟大复兴的共同理想和坚定信念，牢固树立爱国主义思想和全心全意为人民服务思想，自觉遵守法律法规和社会道德规范，加强自身道德修养，具备良好的心理素质和艰苦奋斗、开拓进取的精神，促进大学生思想政治素质、科学文化素质和身心健康素质全面协调发展。同时，积极引导大学生中的先进分子树立共产主义的远大理想，确立马克思主义的坚定信念。

准确定位高校“三全育人”总体目标、分项目标，需要把握以下几个要点。

1. 准确界定高校“三全育人”总体目标

高校“三全育人”目标的界定，既要反映高等教育“三全育人”的一般规律与基本要求，又要积极探索其特有的规律与要求。高校“三全育人”总体目标是全面贯彻习近平新时代中国特色社会主义思想，培养德智体美劳全面发展的具有创新精神、实践能力和良好职业道德的生产、建设、管理、服务一线需要的高素质高技能人才。

2. 清晰界定高校“三全育人”分项目标

根据高校“三全育人”总体目标，逐层分解高校“三全育人”在政治教育、思想教育、道德教育、法纪教育与心理教育领域的分类目标。强调提高大学生的科学文化素质，使其养成良好的学习习惯，加强对大学生社会能力与思维方法的训练；突出职业素质目标，如良好的职业理想、职业道德，具有从事现代职业所需的多种知识技能，在具有必备的基础理论知识和专业知识的基础上，重点掌握从事本专业领域实际工作的基本能力和基本技能；具备较快适应一线岗位需要的实际工作能力，有较强的事业心，爱岗敬业，勇于拼搏进取；具有终身学习能力、创新精神、求职的基本素质和能力。

（二）高校“三全育人”目标实现的要求

高校应根据大学与职业特殊阶段以及高校学生多元的背景和多变的角色，高度重视高校“三全育人”工作的复杂性和艰巨性，因势利导、因材施教，实现高校“三全育人”的“入口”目标与“出口”目标畅通有序，既可以保证“三全育人”体系的整体性和完整性，又可以增强高校“三全育人”工作的针对性和实效性。

高校“三全育人”的“入口”目标是针对由中学生成为大学生的角色转换时期。在这个“入口”时期，高校要充分了解生源状况，实现与中学阶段“三全育人”目标的有效衔接。目前，我国高校的生源状况十分复杂，来源广泛。因此，高校在学生入学时要因势利导，搭建高校“三全育人”目标体系，帮助高校学生顺利地实现角色转变，尽快适应并融入高校学习与生活，为“三全育人”目标的梯次性践行做好铺垫。

高校“三全育人”目标是针对由高校学生成为顶岗实习的准职业人再到职业人、社会人的角色转换时期。在这个转换时期，高校学生的地位、作用与定位差别很大，角色转变的跨度也很大。因此，高校“三全育人”目标就要充分考虑用人单位与社会对人才的需求，因材施教、因专施教，搭建顶岗实习与毕业“三全育人”目标体系，如在顶岗实习“出口”阶段，学生从事的某种职业或岗位都有其特定的职业道德规范和职业素质标准，此阶段的“三全育人”目标应侧重于学生职业能力与职业素质的培养。这不仅能够增强高校“三全育人”目标的针对性，而且有助于学生养成良好的职业道德和职业素养，更好地帮助高校学生顺利地实现向职业人与社会人的角色转变，尽快适应并融入未来职业岗位与社会生活，成为符合社会需求的高素质技能型人才，为高校“三全育人”目标的实现画上圆满的句号。

1. 适应我国高等教育人才培养的根本要求

高等教育的目标取向不仅应注意把学生培养成应用型人才，强调其实践性的提升，更要注重培养学生的“德商”，使学生具备健全的道德理性和价值理性，成为知行合一的行为能力个体。高等教育要以现代教育理念为指导，全面提高教育教学质量；要坚持以育人为本、“三全育人”为先，把“立德树人”作为根本任务，把社会主义核心价值体系融入高等教育人才培养的全过程。德才兼备是我国高等教育对合格人才的要求。无论高等教育的职业性和实用性有多么重要，都不能脱离学生这个教育主体，否则高等教育的培养目标就会出现问题。

进入 21 世纪以来，随着我国产业结构的调整，现有的高等教育育人体系在一定程度上已经不能适应新的需要，创新构建高校“三全育人”体系势在必行。

创新高校“三全育人”体系，一定要顺应社会主义核心价值观的要求，结合高校人才培养方针和要求，强化办学特色，突出适用性，高度重视职业道德教育和法治教育，重视培养学生的责任感、敬业精神、诚信品质与遵纪守法意识，努力培养基础扎实、技能突出、品德高尚、习惯良好、身心健康的合格大学生，为社会培养生产、建设、管理、服务一线的高素质人才。

2. 基本覆盖高校“三全育人”教育的全部阶段

整合创新“三全育人”体系，要求教育者准确把握学生的基本特点和规律，探索建立长效机制，为社会培养高素质人才。

不同年级的高校学生具有不同的心智、认知模式和学龄特点，“三全育人”体系实践要体现学生的学龄特点，由浅入深，循序渐进，使高校“三全育人”目标细化得以具体实施。

高校一年级“三全育人”体系，应适应从中学生向大学生角色转变的成长时期，“三全育人”体系整合创新要注重“明确发展方向，提高综合素质”，着眼于高校“三全育人”教育的导向教育。高校二年级“三全育人”体系，应适应学生由大学生向准职业人角色转变的成才时期，“三全育人”体系整合创新要注重“加强技能训练，培养专业能力”，着眼于高校“三全育人”教育的全面教育。高校三四年级“三全育人”体系，应适应学生从准职业人向社会人、职业人角色转变的成人时期，“三全育人”体系整合创新注重“实现角色转换，强化职业能力”，着眼于高校“三全育人”的去向教育。因此，探索和构建高校“三全育人”体系，其目标、内容、途径、方法、管理、评价等方面必须尊重高等教育的基本规律，遵循高校学生成长与教育规律，将“三全育人”教育目标、“三全育人”内容分解到高等教育的全部阶段、全部过程中，从实践的视角构建高校分年级、分阶段、分层次的“三全育人”体系，建立分层递进、螺旋上升、和谐衔接的有机联系，坚持理论与实践相结合，寓“三全育人”于课堂教学、专业实训实习、社会实践。

3. 体现我国高校“三全育人”教育的特点

整合创新高校“三全育人”体系，必须根据高校学生的身心特点、品德形成规律，坚持“知”与“行”的统一，把职业理想教育、职业道德教育、就业指导与创业教育作为重要内容，并贯穿“三全育人”教育的全过程，让学生在社会实践与亲身体验中，将正确的道德认识内化为道德信念，升华为自身素质，转化为自觉行动，形成一种良好的习惯，培养出爱岗敬业、诚实守信、精益求精、服务社会的高技能人才，实现大学生与岗位的零距离接触。

4. 整体构建高校“三全育人”体系模式

针对高校“三全育人”体系统一性、层次性、针对性的不足，我们要遵循“三全育人”体系的整体性、系统性原则，采取有效措施，构建横向循环、纵向并行的“三全育人”体系模式。

（1）构建横向循环的高校“三全育人”体系模式

横向循环的高校“三全育人”体系，包含目标体系、内容体系、途径体系、方法体系、管理体系与评价体系六个子体系，它们构成了一个基本循环，形成了首尾相连、环环相扣的横向循环运行体系。

在“三全育人”体系的横向循环模型中，依据评价体系反馈的信息，进一步明确并调整目标，整合、优化与育人目标相适应的内容，然后拓宽途径，组合优化方法，实行绩效管理，最后进入评价环节，得出反馈信息。首尾相连、环环相扣的循环系统，并不始终具有唯一性、同向性，评价体系在系统中起到承上启下、改变循环方向的关键作用，或是进入下一个循环，或是返回循环中的某一个体系，其路径为：如果评价结果为合格，可进入下一个由目标、内容、途径、方法、管理、评价组成的“三全育人”循环体系；如果评价结果为不合格，没有达到既定的目标，要回到出现问题的子体系，以此为起点重新开始体系循环，直到评价结果为合格，才可进入下一个“三全育人”循环体系。

（2）构建纵向并行的高校“三全育人”体系模式

纵向并行的高校“三全育人”体系，是在“三全育人”体系横向循环的基础上，依据育人对象——高校学生的心智成熟度、四个年段的差异性，将各年段的目标、内容、途径、方法、管理和评价各子体系按照一年级、二年级、三年级、四年级的“三全育人”目标，逐级建立纵向连接、分层递进的并行体系。

在“三全育人”体系的纵向并行模型中，育人目标、育人内容、育人途径、育人方法、育人管理与育人评价横向循环。“三全育人”目标具有一定的确定性与唯一性，不同年级的“三全育人”内容具有结合年段差异的选择性，围绕“三全育人”内容、途径、方法、管理与评价，因此纵向形成一个个循环体系并行实施。

在这个体系中，纵向并行带有一定的灵活性，一年级育人目标只有在评价结果为合格的情况下，方可根据学情特点纵向进入二年级的育人体系，并且自觉接受下一轮育人循环体系的考评。这种纵向并行的育人机制充分体现了“三全育人”体系的自我修复与动态管理功能。

二、新时代高校“三全育人”实现途径

实现高校“三全育人”，要通过一定的途径，采取有效的措施。其途径主要包括以下八种。

（一）思想引领

思想引领就是引导大学生树立走中国特色社会主义道路的理想信念，理性看待社会上存在的各种问题。同时还要深刻理解建设中国特色社会主义的道路上所取得的各种成绩，并积极发扬创新精神，勇于实践、敢于探索，不断提高自身的道德修养，为自身未来成长与发展奠定坚实的基础。

1. 大学生思想引领工作中存在的问题

（1）高校对思想引领的重要性认识不足

互联网带给人们一个虚拟的世界，部分大学生沉迷于互联网，导致其人际交往、学习生活等都受到影响。互联网的信息共享功能也使得人们能够随时随地接收到各种各样的信息，这很容易导致世界观、人生观尚未形成的大学生在辨别是非以及自我控制等方面受到影响。互联网的隐匿性使得部分长期上网的大学生责任意识越来越淡化，道德法治观念也越来越弱。而随着近几年我国高等教育从精英教育向大众教育转化，部分高校以教学方式和教学成绩作为教学重心，对大学生的思想引导方面不太重视，认为大学生只要学好专业课程即可，因此在衡量大学生个人能力方面存在片面性。

（2）传统的思想引领方法在新时代环境下的局限性凸显

由于传统的思想引领方法受到时间和地点的限制，多采用授课、谈心等方式，取得的实际效果有限。随着信息技术的进步，思想引领以及教育工作可以突破传统的局限性，变得灵活许多，达到随时随地皆可引导的效果。因此，许多高校开始借助互联网，使用微信和微博等媒介开展思想政治教育，但是互联网对大学生的影响也有不利的一面，如互联网技术的发展使得大学生对信息的分辨能力越来越弱，而且增加了大学生思想政治教育的难度，使得大学思想政治工作的地位逐渐被削弱，内容不能贴近大学生的具体生活，难以收到预期效果。传统的单向教育以及理论教学的方法已经不能良好适应当代大学对大学生思想政治教育的要求。

（3）“互联网 +”对思想引领工作者提出了更高的要求

互联网除了会对学生群体产生影响之外，作为学生思想引领者的教师群体也深受影响。对教师而言，其处于引领地位的关键，必须保持坚定的政治立场以及具有清醒的思想认识。在信息时代，如果高校思想政治教育工作者不能充分利用网络手段来开展教学，那么大学为学生专门建设的网络教学平台以及教学资源就达不到思想政治教育的效果，无法对学生起到吸引作用。

并且如果教育者不能对互联网进行深层次的应用，进而无法对一些信息进行分析的话，就不能起到管控网络教育以及干预大学生思想的作用。因此，作为高校思想政治教育工作者，一定要具备丰富的学识以及扎实的网络技术，才能更好地利用网络技术对大学生展开思想政治教育。

2. 大学生思想引领工作的基本路径

（1）有计划有步骤地进行系统的思想引领工作

高校应通过主题讲座、党课、团课、英雄事迹报告会等形式加深学生对社会主义核心价值观的理解和认识；加强团员青年的思想政治教育、理想教育、“三观”（正确的世界观、价值观和人生观）教育、“三义”（社会主义、集体主义、爱国主义）教育。例如，在高校大力实践青年马克思主义者培养工程，通过培养校内共青团干部、青年知识分子、大学生骨干，在学生群体中培养一批有着坚定共产主义信仰、基本理论素养和能力水平较高的马克思主义者，发挥榜样的示范作用，带动广大师生提升理论修养。

（2）结合时代特色，创新思想引领工作新模式

随着当代大学生思想活动的自主性、选择性、多边性、差异性明显增强，采取多种形式的教育方式、认真做好大学生思想政治工作显得尤为重要。

高校要坚持用中国特色社会主义理论体系引领青年学生，思想政治工作要脚踏实地，常抓不懈，既严又实。如今处于信息化高速发展的时代，学生又是了解新事物、新信息最迅速的群体，不免会接触到一些不良的思想意识形态。这就要求我们的思想育人工作主动抓、时时抓，重点抓好大学生的信仰教育，要让年轻一代始终保持对马克思主义、中国特色社会主义、中华民族伟大复兴的坚定信念。例如，建立“学生之家”“党员之家”，畅通学生与学校沟通交流直通车，让广大学生积极参与到学校的各项建设和社会活动中，更多地体现学生的人生价值；加强对高校教职工工作作风、生活作风的日常监督检查，防止高校个别教职工的不当行为潜移默化地影响大学生的认知；通过人文关怀，及时了解学生的思想动态，帮助学生解决一些实际问题，切实保障学生的合法权益。

3. 改革创新大学生思想引领方式

传统教学中以理论课程讲授为主的知识灌输方式已经落后，现在需要更加多元化的方式来对学生的思想进行引导。

（1）建设网络资源平台

高校应根据学生的实际特点，为学生搭建网络资源平台，让更多的学生参与

到网络教学实践中，使得网络教学平台能够起到思想引领作用。比如，高校可以将网络引导与传统知识灌输的方法组合起来，并通过各种网络渠道（如论坛、门户网站等）为学生传递思想教学理念；利用网络媒体对学生日常学习生活中存在的问题进行分析、判断，进而对学生进行积极引导；利用网络课程加强对学生集体主义思想理念的教育，不仅可以对学生的网络行为起到规范性作用，而且可以避免个人行为导致的错误判断。

（2）利用官网、微信公众号、微博

高校的官网、微信公众号以及微博等平台不应该出现一些空、大的理论，而应该切合校园实际，发布一些有针对性的文章或材料等，并与学生展开互动，对学生进行有效管理。其次，高校的官网、微信公众号以及微博上应该时常更新一些与学生日常生活相关的文章。另外，还可以增加一些有实际作用的动能，增强学生的体验效果，如可以增加相应的教务教学、就业创业以及图书阅读等功能，从而为大学生提供更好的服务，促进大学生思想道德健康发展。

（3）学生事务管理信息化

如今互联网已经成为大学生获取信息的主要渠道，因此高校可以通过利用互联网技术来实现事务管理工作。高校利用互联网技术中的信息管理技术、大数据技术以及数据驱动技术等，可以使大学生的学习生活以及其他方面都能通过互联网进行串联；利用校园的学生信息系统为学生搭建数据记录系统，对学生从上大学开始一直到毕业整个过程的数据信息进行记录，不仅可以简化学生管理事务，而且可以对学生的发展情况进行准确定位，并对其未来的发展进行准确预测，建立完整的预警机制。

（4）加强网络日常管理

高校应将网络危机预警机制和网络市场管理机制相结合，进而及时解决大学生在日常生活中出现的一些思想问题。网络日常管理工作的主要负责者是大学校园中的基层思想工作者，他们可以通过网络媒体与大学生实时互动，进而监督大学生的思想变化情况，了解大学生的各种心理问题，对网络舆论进行正确引导。网络预警机制需要学校各个部门、各个组织的参与，尽量做到实时监督大学生群体的动态思想变化情况，并及时扼杀大学生出现的不良思想。

（5）加强诚信校园建设

高校应将实体校园与虚拟校园进行结合，积极建设诚信校园。为大学生建立个人网络信用机制，并对大学生的个人信息进行整合以及管理，进而为学生搭建一个完整的网络信息平台。与此同时，还需要做好虚拟校园与实体校园连接的工作，通过网络媒体与学生实时互动，进而使学生更好地遵守网络和现实中的要求规范。

4. 加强大学生思想引领工作者的队伍建设

《中共中央关于加强和改进思想政治工作的若干意见》重点提出：“当前需要不断对结构进行优化，提高成员队伍的稳定性，不断提高整体队伍素质，进而打造一支有能力、专业素养高的人才队伍。”[①] 高校思想政治教育工作者在日常工作中需要不断提高自身的科研水平，并且在日常工作中努力将理论与实践结合在一起，在实践中丰富自身的思想信念，进而将思想政治教育工作与自身的思想理念融合在一起。高校应通过建设和培养一支高能力的人才队伍，对大学生的思想发展进行引导。

第一，加强师资队伍建设，通过开展思想政治课程以及形势与政策课程对学生的思想道德进行教育；第二，创新教学模式，将兼职与专职教学模式相互结合，让辅导员以及班主任在学生思想道德引导方面发挥重要作用；第三，打造一支优秀的大学生人才队伍，通过在大学校园中选择模范代表，积极培养大学生人才。

（二）搭建平台

1. 搭建网络大平台，掌握学生思想新动态

目前，不少高校的相应部门已运营微信公众号。一些高校为了打造宣传窗口，还专门成立了新媒体中心。但是从学生的关注、反馈来看，机械式的信息植入对学生的影响非常有限，高校政治阵地的转移并未使宣传效果大幅提升。综上所述，新时代思想政治教育工作者开展工作的切入点，应该是学生最关注、最关心、最感兴趣的问题，如勤工助学、心理咨询服务、党团活动、学生社团活动、志愿者服务等，因此高校应做学生喜欢吃的“营养大餐”，利用新媒体为学生提供良好的服务。

高校应对大学生的思想展开深入研究，并对不同思想类别的大学生实施分类管理方法，为大学生的健康成长提供服务。还要利用网络媒体、论坛等渠道对大学生群体进行问卷调查，时时关注大学生的思想变化，及时关注校园的网络舆论，指导大学生正确看待问题，利用网络媒体为大学生营造良好的校园文化氛围，将

① 何卓新．“严重的问题在于教育干部”：学习《中共中央关于加强和改进思想政治工作若干意见》的一点体会[J]. 中国特色社会主义研究，2000（S1）：4-5.

社会主义核心价值观落实在思想政治教育工作中。

2. 搭建校园新媒体平台，打造思想政治教育新空间

首先，高校应创建各种专题网站，为大学生提供心理咨询、招生信息、毕业就业等各种服务。

其次，高校应建立微信公众号、官方微博等，每个学院中的每一个班级都可以申请班级主页，进而为学生提供各个方面的信息，如就业创业、助学贷款、文化娱乐、生活服务等，高校领导以及教师等都可以通过网络和学生进行实时互动，为学生带来精神上的鼓舞。

再次，高校应建立实时通信平台，如微信群、QQ 群等，定期在群里更新信息，学生可以随时查看自己的班级群信息以及社团群信息等。通过这些平台，高校可以开展丰富多彩的校园活动，还可以组织学生参加党团校培训，向学生宣传社会主义核心价值理念，提高学生的职业素养，指导学生如何面试等。教育者通过校园通信群可以随时掌握学生毕业之后的就业情况，根据已毕业学生的发展情况，为在校学生提供有针对性的指导服务。

最后，高校应制作一些微视频或微电影，为大学生宣传思想道德方面的内容，进而将思想道德教育渗透到学生生活和学习的方方面面，还可以利用校园网络为学生开展校园直播或思想道德讲座等。随着网络时代的到来，高校在为学生开展思想政治教育的过程中应该充分发挥网络的作用，如通过利用网络媒体对学生进行在线素质测评等。网络技术的应用不但能起到传播正确思想的作用，而且能够使学生的校园生活更加丰富。

3. 搭建师生互动平台，形成“三全育人”引领新机制

在新媒体时代，要想做好学生的思想政治教育工作，离不开高校师生的全体参与。学校作为思想政治教育工作的管理者，应该为学生制订完善的人才培养方案，致力于提高学生的思想政治素养，还要打造一支优秀的人才教育队伍。这支人才教育队伍主要由以下人员组成：思想政治理论宣传人员、专业课教师、思想政治教师、学生党员等。

教师需要努力将最新技术应用于思想政治教学中，并通过网络媒体与学生进行沟通和交流，引导大学生提升媒介素养，在教学过程中为学生讲解如何正确看待网络信息，如何合理利用网络技术。教师需要实时关注学生的动态信息，如日志、微博、评论等，了解学生的思想特点，针对学生思想中存在的问题及时进行辅导，面对国内或国外的一些重点新闻事件时，要学会以理智的心态来看待，不能盲目听信网络舆论。

学校还要努力打造一支专门负责思想政治教育工作宣传工作的大学生人才队伍，还要做好网络媒体下的思想政治教育操作和维护工作，使他们成为教师的得力助手，熟悉新媒体技术，了解学生的需求，做好调查问卷信息整理、舆情调查分析、网络信息收集等工作。此外，高校思想政治教育工作者还要将自身在思想道德方面的引领作用发挥出来，当面对校园重大的争论时要第一时间“站出来”帮助学生，正确引导校园舆论，制止不良思想在校园中传播。

（三）制度规范

没有规矩不成方圆，完美的育人机制必须有一套科学的运转机制和系统完善的制度。社会本身就是多元化的，高校要教育和引导大学生树立“四个价值”。

我国的国情决定了我们现在的社会制度适合解决我国的社会问题，不能不切实际地与西方国家制度盲目比较。如何抓住一些负面的消息，进行正面的教育引导，让大学生理智地运用一分为二的观点去认识社会问题，是高校思想政治教育工作者一个不容回避的现实问题。高校传统德育主要通过思想政治教育理论课对大学生进行道德知识的传授，教育模式相对单一，效果欠佳。信息时代，高校不能故步自封，要创新教育方式方法，跟上时代的步伐，本着对社会负责的态度做好大学生的思想引导工作，要积极研究和建立一整套激励、约束机制和规章制度来教育人和培养人，这对大学生社会责任感的制度化培育有着深刻的现实意义。

大学生社会责任感制度化培育是新时代、新形势下社会发展进程的必然要求。将制度与教育相结合，以制度化教育培养大学生的社会责任意识，是十分必要的。例如，现在是自媒体时代，人人都可以通过网络表达自己对一些社会问题的看法，仁者见仁，智者见智，缺乏社会责任感的人一定和具有社会责任感的人的看法和想法不一样，二者带来的社会影响有所不同。一个人的社会责任感不是与生俱来的，是靠后天的培养得来的。高校对大学生的社会责任感的培养要有一个系统的规划，每年要有一个贴近我国现实问题的主题和口号，通过一系列的活动逐步培养大学生的社会责任感。

高校“三全育人”工作要想持续推进，必须制定相应的规章制度，规范化管理，这既是前提也是保障。否则“三全育人”工作会流于形式，或南辕北辙，或无所适从。

制度带有根本性、全局性、稳定性和长远性，制度本身蕴含丰富的教育意义，规章制度和各项规范直接影响到能否实现进一步加强和改进学生的思想政治教育工作，能否培养出国家所需要的合格人才。另外，制度会对思想政治教育工作和人才培养工作产生激励作用，形成长效机制，起到事半功倍的作用。

大学制度规范发挥着隐性课程的基本功能。一所大学的育人工作要确保其可持续性，需要一种蓬勃向上、勇攀高峰、永不后退的精神。要培养这样一种精神，必须加强制度建设，建立完善的激励机制和约束机制。但是，并不是制定了较多的规章制度就等于达到了大学制度育人的功能，只有当规章制度这种外显文化“内化”为集体成员的“内在文化”时，才算真正发挥了大学制度的育人作用。这一过程也就是把制度文化中的客观精神转化为受教育者个体的主观精神，使自然人向文化人转化的过程。

1. 制度规范的作用

（1）认识导向作用

大学制度建设的根本作用在于营造有序合理、公平公正的校园环境，保证师生的合法权益，引领良好的道德风尚。道德认识是个体对道德规范及其执行意义的认识，是学生对是非、善恶、美丑的理解掌握以及在此基础上形成的相应的价值观和判断能力。道德认识的形成固然需要一定的说理，但也离不开学生生活于其中的可知可感的一种具体生动的环境影响，良好的大学制度规范就是这种环境不可缺少的组成部分。大学通过对文化传统、校园气氛、集体舆论以及教师言行评价的强化，给学生提供一个参照系，通过隐性的教育和价值取向对学生施加影响，对学生态度和认识的形成发挥着导向作用。

（2）情感陶冶作用

道德情感是关于人的举止、行为、思想、意图是否符合社会道德规范而产生的情感体验，具有调节功能，影响着道德认识的形成及其倾向性。

道德情感的形成具有自发性和情境性。大学制度文化能够使学生在特定的环境中自然而然地获得一种道德、情感与心灵的熏陶（特别是良好的校风和传统），这种情感的形成尤其离不开隐性课程的体验、熏陶、感染的作用机制，大学制度文化作为隐性课程，恰好提供了现实的情境让学生体验情感。

大学制度文化内含的伦理价值取向在大学的现实事物中深刻地影响着学生的价值取向，进而使学生形成对这种制度的心理定势，体现为较稳定的认知、态度与情感，大学制度文化的核心应是大学师生对待大学制度的一定价值认可度。师生（特别是学生）依制度行事，对制度内在的价值产生心理认同，在情感上表示默认或赞成，形成对大学制度的总体看法。这种价值认同比任何道德说教方式对人的影响都更深远持久和有效，这也是大学制度文化发挥作用的最佳方式。

（3）行为规范作用

道德行为是在一定的道德意识支配下所采取的各种行为，人的道德面貌最终以其道德行为来表达和说明，它是人的道德意识的外部表现形态，是学生思想品德水平的重要标志。

隐性课程可以对学生道德行为起到重要的约束作用和规范作用。大学制度是制度形态与德育课程的载体。大学制度作为一种外在的规律，应符合一定要求的伦理精神，做到条例化、正规化，体现大学对所有成员的基本要求，有助于大学生形成符合社会要求的行为规范。大学制度文化在规范学生的理性行为方面具有优先地位，学生通过感知、记忆、思考这种理性行为规范的要求，进而认同、内化并使之成为道德结构的有机组成部分，制度从而变他律为道德自律。大学制度文化的规章设置、仪式和传统的形成都渗透着学校的道德要求与教育意志，是一个有情感色彩的具体生动的环境。因此，大学制度文化通过暗示、舆论、从众、期望等心理机制给学生造成潜在的动力与压力，对学生的行为起着重要的约束作用。

辩证唯物主义认为，任何事物都不是对立存在的，而是由相互作用、相互制约的因素构成的整体。[①] 因此，发挥大学制度文化的育人功能时，要充分解决育人方法的综合性问题，克服教育过程的属限性。由于大学制度文化存在由外及内的过程，要使大学制度文化发挥最大效能，必须与学生思想工作相联系，在执行规章制度的过程中关注学生思想的变化。执行某项制度的过程也是就某一针对性事件或普遍性问题反复说明宣传的过程，争取得到学生内心的认同。将大学制度文化的动态管理与静态管理相结合，在动态执行过程中增进执行者与被执行者的交往，能够增进理解，提高育人效率。

2. 建立考评制度：以考促教

再好的思想政治教育规划，如果不去抓落实，就会流于形式，耽误发展，长此以往将造成不良后果，尤其是高校主要负责人要落实抓对大学生教育的主体责任，层层压实责任，一级抓一级，级级抓落实，对不按照规划要求抓教育的具体责任人要严肃问责，对抓教育效果达不到要求的也要严肃问责。问责是最好的对策，动员千次不如问责一次。这种问责是建立在某种制度基础上的，这种制度就是考核标准，通过严格的考核标准来对标教育的过程和效果。高校要认真研究制定大学生社会责任感教育培养的考评标准，并加以落实，成立相应的考评机构，

① 王为全，刘皓．解读自然辩证法[M]．长春：吉林出版集团有限责任公司，2022．

细化考核内容，加强督促指导，以考核推动工作落实。

3. 建立规章制度：提升教育工作水平

高校思想政治教育水平的高低，突出表现在是否贴近我国教育实际。当前，全国上下正在深入学习习近平新时代中国特色社会主义思想，学习依法治国执政方略。如何把以上内容融入大学生的思想政治教育中，是值得高校思考的一个不容回避的问题。在大学生社会责任感培养的过程中，党和国家出台了一系列的文件、条例，推进教育的制度化与规范化。比如，通过实践《普通高等学校学生管理规定》等条例加大对学生行为的引导和约束，根据要求调整我们的教育内容，尤其是把习近平新时代中国特色社会主义思想纳入大学生教育的内容，常抓不懈；要制定学生文明行为条例、宿舍卫生检查条例、学生参加校园文化活动监管条例等契合学校具体管理的内容，规范学生的日常行为，对其进行严格的教育、严格的监督、严格的管理。

在大学生中大力开展法治教育，提高大学生对我国《宪法》、法律法规的认知，并使其以《宪法》、法律法规约束自己的言行，争做遵纪守法的优秀公民；要引导大学生做依法治国的应传者、践行者和传播者，用自己的实际行动去教育和引导群众严格遵纪守法，共同促进社会风气的好转。

（四）营造氛围

环境具有警示、熏陶、导向、感化与辅助作用。“三全育人”过程总是在一定的环境中进行的，良好的环境有助于学生对道德规范的认同内化，环境育人在构建高校立体化“三全育人”工作体系中发挥着不可替代的重要作用。高校应结合实际情况，与用人单位共同优化有利于学生身心健康成长的优良环境，营造浓厚的“三全育人”氛围，不断增强育人功能，提高高校“三全育人”工作的实效性。

学校领导要高度重视，从育人的角度加强对校园物质环境的建设，提高校园文化品位，努力营造精神内涵丰富、整洁与高雅的校园环境，加强对校园基础设施的改造，提升环境文化内涵，营造浓厚的人文气息；加大与现代产业接轨的校内实验、实训场所的投资力度；增加图书馆藏书量，扩大电子阅览室的容量，完善校园网络，优化公共配套设施，加强与当地政府及有关部门的联系，净化外部育人环境。

1. 着力提升育人“软环境”

高校要高度重视校园文化建设，致力于发展精神文化和行为文化，提升学校“三全育人”文化品位，助力学生成长成才。例如，广泛开展融思想性、知识性、趣味性于一体的，丰富多彩的校园文化活动，帮助学生提高自信心，强化人际沟通技能，理性面对荣誉与挫折；加强校风、学风与班风建设，养成积极向上的校风、进取踏实的学风与团结和谐的班风，使学生的校园生活充满价值感、满足感与幸福感，以优良的“三风”建设彰显学校的精神面貌；重视网络心理健康教育平台的建立与教育渗透，努力创设有利于学生健康成长的网络心理环境；融入行业企业文化，构建具有行业特色的校园文化体系，铸造学术氛围与实践氛围相统一的教育文化。

2. 依托党团组织形成个性教育与培养的良好氛围

高校基层党团组织对“三全育人”工作既有政治优势，也有组织优势，在“三全育人”工作中能够发挥积极的作用，育人效果显著。

第一，加强对大学生社团的组织领导，站在对学生发展负责的高度，提供宏观引导，保障社团良好运行，与社团组织、学生有机协调，取长补短，协调好第一课堂与社团活动的关系，实现寓教于乐，促进社团“三全育人”辅助功能的发挥。

第二，党团组织要充分利用“三全育人”资源，以社会主义核心价值体系为核心，宣扬主旋律，尊重大学生的合理利益诉求，培养其在未来职业生涯发展过程中所需的社会化技能，鼓励大学生自觉成为社会主义核心价值体系的建设主体，激发其成长成才，全面实现社团组织对大学生的思想引领。

第三，强化党团组织在大学生思想政治教育中的平台构建功能。党团组织拥有丰富而庞大的组织关系，信息优势明显，可以为大学生创造条件，通过举办各种类型的活动、开设实践性课程、为合作企业推荐人才等举措，为大学生提供工作平台和实践平台。

第四，建立综合实践平台，深入开展针对性活动，锻炼大学生交流沟通、实践、组织领导等能力，提升党团组织在“三全育人”工作中的能力与素质提升功能。

（五）总结提升

及时总结并弘扬积极有效的教育方法和手段，及时纠正不适合甚至错误的方法和手段，及时开辟新的符合规律的育人方法和手段，实现螺旋式上升。

1. 精化教书育人的“三全育人”途径

教书育人属于课程类途径，是利用思想政治理论课程与各学科课程教学进行“三全育人”。

一方面，高校思想政治理论课教师要有崇高的使命感与责任感，充分发挥思想政治理论课的主渠道、主阵地作用，立足于高校“三全育人”目标的要求，将高校“三全育人”的政治教育、思想教育、道德教育、法纪教育和心理教育同高校的职业性与应用性结合起来，在帮助高校学生树立正确的政治观、社会观与价值观的同时，积极引导学生树立正确的职业观，使其逐步内化养成良好的职业道德意识，逐步固化为规范的职业道德行为。

另一方面，学科课程教师要强化育人的职业素养，分析学科课程中包含的“三全育人”因素，挖掘各学科课程教学中的“三全育人”资源，准确提炼和寻找学科与“三全育人”的切入点，进行学科素质目标与“三全育人”任务的分解，细化到每堂课的教育安排之中，发挥学科“三全育人”间接性与渗透性的优势，使高校学生在掌握专业技能的同时于不知不觉中接受“三全育人”教育。实践证明，将学科“三全育人”渗透于日常教学，是使高校学生广泛接受“三全育人”教育的途径。

2. 规范管理育人的“三全育人”途径

管理育人是为了达到预期的“三全育人”目标，规划、组织、协调和控制影响“三全育人”根本任务及其所包含的诸要素，包括学校“三全育人”管理、班级“三全育人”管理与用人单位“三全育人”管理，通过合理配置学校、企业、班级中的“三全育人”资源，改善“三全育人”条件，保障“三全育人”活动顺利进行，为顺利实现“三全育人”目标、提高“三全育人”质量提供保障。

3. 细化服务育人的“三全育人”途径

服务育人是指学校的服务人员在为师生提供服务的过程中，其言行举止直接对师生产生影响。服务人员要善于运用知识型、服务型、效益型、和谐型的现代理念全心全意为师生服务，加强与师生的沟通与交流，学会倾听，了解师生合理的服务诉求，帮助其解决在学习、工作、生活中遇到的实际困难和问题，为师生提供热情周到的优质服务，使学生在优质服务中受到感染与教育，达到育人的最佳效果，以此完成服务育人的过程。

4. 完善生产育人的“三全育人”途径

生产育人是职业教育的特色，它是在学生顶岗实习或参加生产实践活动的过程中，赋予用人单位指导教师、学校指导教师、学生“三全育人”主体资格，进行职业能力和职业素质的培养，增强学生的纪律意识，形成吃苦耐劳的作风和习惯，有利于培养大学生的责任心和成就感，使企业的“三全育人”教育落到实处，延续高校“三全育人”教育链条。

5. 营造环境育人的“三全育人”途径

环境育人是指通过对人际环境与文化环境的营造，根据学生的思想实际状况、时代与经济社会发展形势的要求，确定不同年级“三全育人”内容重点和不同层次的教育内容，使高校“三全育人”工作具有可操作性，逐步形成与社会主义市场经济相适应、与社会主义法律规范相协调、与中华民族传统美德相承接的“三全育人”内容体系，并使这些内容形成序列，循序渐进地分布到高校各个年级，化为教师可操作、学生可接受的具体内容，从而重构高校“三全育人”内容体系的重点。

（六）开展价值观、义利观与经济伦理教育

重构高校“三全育人”内容体系是一项系统工程，需要根据经济多元化的要求，赋予传统高校育人内容以新的时代精神，增加新的内容，使高校“三全育人”模式充满生机和活力，以适应经济多元化的社会发展趋势。

1. 适应多元化价值观

（1）价值观教育的关键点

处理好价值取向多元化与价值导向一元化的关系，在坚持社会主义核心价值体系一元导向不动摇的前提下，正视人们价值取向多元化的存在，充分肯定、承认个体对自身合理利益的追求，尊重每一个个体的价值理想与价值目标，使价值观教育取得实效。

（2）价值观教育的根本点

坚持集体主义导向与利益导向的有机统一，以“新集体主义”充实、改造传统集体主义。新集体主义不仅承认个人利益、尊重个人价值，还主张充分实现个人利益、个人价值。价值观教育的立足点是对政治标准价值观的反思与超越，把价值观的选择权还给每一个个体，使人真正成为自身价值观的主人。

价值主体既要体现自我意识，又不能导致个人主义；价值目标的确定既要适当体现物质利益原则，又不能导致功利主义；价值评价既要避免绝对化，又不能导致相对主义。

2. 赋予传统义利观时代气息

新的社会主义义利观克服了传统义利观“重义轻利”的局限，鼓励人们通过诚实劳动、合法经营获取正当物质利益，强调尊重和保护个人的合法权益；同时，新的社会主义义利观克服了市场经济“重利轻义”的自发倾向，主张把谋取个人

利益与自觉承担社会责任结合起来，树立把国家利益和人民利益放在首位而又充分尊重公民个人合法权益的“义”和“利”相统一的新义利观，加强义利观教育；加强价值观教育中价值导向一元化和价值取向多元化的统一，加强价值观教育的着眼点，克服传统“三全育人”的弊端，充分肯定个人正当合理的利益，但是应注意防止出现“见利忘义”的极端。

3. 增加经济伦理教育

我国社会主义市场经济体制的建立和完善，增强了每个个体的竞争意识与发展动力，使注重物质、轻视精神的物质价值取向与以科技为本的价值取向越来越明晰，这对学生的影响是广泛而深刻的。这就需要我们在教育和引导学生的过程中，坚持价值取向的全面与协调，建立与市场经济要求与规律更适应的“三全育人”内容体系，改变以往经济伦理教育比较欠缺、一般社会教育内容相对滞后的状况，对经济主体——个人应当具备的经济品德进行重新界定。经济伦理不仅从道德上论证人们追求正当利益的合理性，而且按市场经济本性揭示经济主体应该遵守的道德观念和规范，使处于竞争状态的各利益主体行为受公认的经济行为准则的约束，以建立一种经济发展所必需的伦理秩序，从而保障市场经济的有序发展。经济伦理应该是“经济人”与“道德人”的有机结合，融合市场经济是利益经济与道德经济的内在要求，对高校学生突出进行关于诚信精神、党争精神、创新精神、效益观念以及平等意识、民主意识、时间观念、合作精神等“三全育人”内容的教育，为高校学生更好地适应并顺利实现由高校学生向职业人、社会人的转变打下基础。

（七）强化基础道德教育和底线道德教育

当前部分高校学生的自我约束力较弱、专业思想不稳定、学习积极性有待提高。首先，他们希望得到社会的肯定；其次，他们遇到问题时不够冷静，甚至采取过激行为来发泄不满；最后，他们自我实现的愿望强烈，但缺乏应有的抗挫折心理。当主观愿望与客观现实冲突时，他们往往感到失落和不满，存在一定的逆反情绪。他们认识到了知识、素质、能力的重要性，却缺乏奋斗的动力；认识到了自身成才的重要性，但不积极接受学校的教育；认识到了社会进步的主流，但又经不起社会消极现象的诱惑。思想认识与实际行动产生两面性，进取愿望与消极心理产生冲突，从而导致大学生知行分离，心理压力与心理矛盾加大，心理困惑与心理空缺增多。

高校学生的这些实际思想状况，反映了高校“三全育人”任务的复杂性与艰难性，同时要求我们从高校学生实际出发，提高高校"三全育人"内容体系的针对性与层次性。以往我国高校片面强调理论教育内容，忽视了基础教育，尤其是对基础道德教育的重视不够，"三全育人"内容同高校学生的思想品行实际发展水平及需要不够协调，影响了高校"三全育人"工作的实效。随着道德多元化社会的形成与发展，以现实主义为主调的基础道德教育与底线道德教育应成为高校"三全育人"内容体系的重要内容。

加强对学生的基础道德教育，教育学生从遵守日常的生活准则做起，实质上就是加强对学生的公民道德教育，主要是社会公德教育。《公民道德建设实施纲要》规定了公民应具有的基本道德规范，即"爱国守法、明礼诚信、团结友善、勤俭自强、敬业奉献"[①]，为加强基础道德教育提供了最好的教学标准，目的是使学生养成文明礼貌、诚实守信、互助友爱的良好品质，养成遵守公共秩序、爱护公共财物、维护社会公益、遵守环境道德、自觉维护生态环境的良好行为习惯。加强对学生的基础道德教育，核心是正确认识个人利益和社会利益的依存关系，从而能正确处理人与人、人与社会、人与自然的关系。另外，高校应加强对学生的底线道德教育，因为底线道德是最基本的道德规范，也是基础道德不可逾越的。

（八）贯穿实施职业素质、就业及创业教育

高校教育的目标是实现高校学生的"零距离"就业。"零距离"就业不仅指职业技能方面，更主要的是指职业素质方面。这就要求我们在构建高校"三全育人"内容体系时，以培养具有良好职业素质和较高学习能力的高素质人才为目标，将职业素质、就业及创业教育贯穿"三全育人"过程始终，不断规范高校学生的职业道德行为，使其树立正确的就业意识，培养学生由"等待工作机会"向"寻找机会"和"创造工作机会"转变，提高其创业技能，为学生以后从事本职工作打下良好的基础。

1. 加强学校与行业、企业的联系

职业素质是从事一定社会职业的人们在特定的工作或劳动中必须具备的，与其职业活动相适应的形象、能力及道德修养的总和。高校学生的职业素质是指高校学生通过校企文化的熏陶与技能教育以及自我陶冶和锻炼，为适应岗位需要所养成的职业认知、就业技能、工作态度、职业精神及心理状态。高校学生的职业素质具有丰富的内涵，它是高校学生担任岗位职责所必备的一切内在条件的综合

① 本书编写组．公民道德建设实施纲要[M]. 北京：学习出版社，2001.

体。就其结构而言，高校学生的职业素质大致包括政治思想素质、科学人文素质、道德法纪素质、审美情感素质、择业创业素质、劳动技能素质、团体协作素质等，高校学生应重点锻炼从事本专业领域实际工作的基本能力和基本技能，具备良好的职业道德与敬业精神。

因此，高校学生职业素质教育的核心内容，就是培养学生爱岗守岗的敬业精神，树立服务人民、服务社会的思想观念；树立勤业精业思想，倡导诚实守信品质，引导奉献社会精神。

职业素质教育不仅是培养学生运用一定的价值观念解决道德冲突的能力，还是为了给学生提供一个养成自觉遵守工作道德品质的机会，提高日后在职业岗位中解决实际问题的能力。归根到底，高校学生的职业素质教育问题事关生存本领与职业资格问题。因此，高校必须多方进行职业素质教育，借助校企合作、工学结合的平台，与行业、企业岗位紧密结合，聘请优秀企业家与行业精英作为“三全育人”导师走进校园；引导高校学生积极参与企业文化建设，大力宣传专业的经营理念与市场经济观，加强质量观念、竞争观念、效益观念、纪律观念等企业精神教育；合力进行职业素质教育，提升职业道德认识，坚定职业道德意志，外化职业道德行为，提高学生在未来就业中对企业的适应能力，提高职业素质教育的实效性。

职业素质可分为三个层次；第一层次为政治思想素质；第二层次为一般职业素质，如敬业乐业、刻苦耐劳、执着追求、一丝不苟、准确守时、公平公正、遵纪守法、崇尚卓越、团结协作、讲究效率与效益等；第三层次为专门的职业素质。第一层次主要通过思想政治理论教育和学生日常思想政治工作两个途径来培养；后两个层次则主要通过专业教育和对学生的日常管理来养成，如在校内实训时要求学生统一着装、打卡进出实训室、严守实训室规程和操作规范以及结合教学内容进行职业素质训练等。

2. 加强就业及创业教育

针对我国现行的“双向选择、自主择业”的劳动就业制度，高校要积极引导学生转变就业观念，树立“先就业、后择业、再创业”的新择业观，帮助学生充分认识我国当前的就业形势，合理定位自己，正确评估适合自己的职业。高校应进一步完善高校学生就业信息服务系统，帮助学生掌握求职就业的有关知识与技巧，走一条面对现实、降低起点、先融入社会再寻求发展的通路。自主创业给高校学生提供了一个全新的就业思路，提供了一个广阔的成才天地和就业空间。加强创业教育指导是时代发展的要求，是高校学生在激烈的市场经济大潮中求生存、促发展所必须走的路。

高校学生对生产、建设、管理、服务过程中的各个环节有所了解，具有自主创业的优势，但是缺乏创业的基本知识，真正能够实现自主创业的很少。因此，加强高校学生创业前的教育指导、促进高校学生成功创业，是高校就业指导的一项重要内容。为此，高校“三全育人”内容体系之中应融入就业与创业教育的内容，使思想道德教育全面融入职业指导工作，引导学生树立正确的择业观、就业观、从业观，养成良好的职业道德，鼓励学生通过自主创业充分发挥积极性、主动性和创造性来谋求自身的发展，提高就业及创业能力。

三、新时代高校“三全育人”培养渠道

高校“三全育人”途径是多种多样的，如课堂教育、实习实践活动、人际环境与文化环境、党政工作与学生群众团体组织、学校与班级“三全育人”管理、大众传媒等，以及思想政治理论课是高校“三全育人”的主要途径，但是这些课程并不能涵盖高校“三全育人”的全部内容，而且这些课程学科化色彩浓厚，其他途径如“三全育人”活动课、辅导工作、党团工作、校外基地建设等，缺乏整体规划与明确分工，往往流于形式，未能形成有效的“三全育人”合力。因此，规范与创新高校“三全育人”途径体系，需要对校内外“三全育人”资源进行整合拓展，寻求“三全育人”合力，提高应用“三全育人”途径的自觉性和有效性；有主有辅，协调配合；分工合作，形成合力，建立以学校育人为主体、家庭育人为基础、社会育人为依托的立体化“三全育人”网络，形成协调工作、密切配合的“三全育人”工作新格局。

（一）发挥思想政治理论课教学的主渠道作用

高校思想政治理论课承担着用马克思主义思想武装大学生，推动社会主义核心价值体系建设，帮助大学生正确认识我国国情和改革发展等现实问题，促进大学生提高政治鉴别力和政治敏锐性，培养高素质人才的重要职责。思想政治教育是“三全育人”“五要素”的重要内容，是“三全育人”的导向教育，其作为上层建筑是由经济基础决定的。思想政治理论课是对大学生进行思想政治教育的主渠道、主阵地，对大学生世界观、人生观与价值观的形成起着不可替代的重要作用，是培养中国特色社会主义事业合格建设者与可靠接班人的重要保障，也是社会主义大学的本质体现。

在经济利益多元化的社会，思想政治理论课在理念更新、功能发挥、内容选

取和课程改革等方面都面临着前所未有的挑战。高校“三全育人”途径体系的构建要正视思想政治理论课面临的挑战，以学生成长成才为目标，以学生实际需要为着眼点，实现思想政治理论课的转型与创新，增强思想政治理论课的吸引力与感染力，提高思想政治教育的针对性与实效性。

1. 发挥思想政治理论课功能

高校教育注重应用性与实践性，如前所述，高校“三全育人”目标内容体系的调整与创新要体现层次性，思想政治理论课要走出传统一元化和绝对理想主义的大纲，增强现实性与时代感，坚持理想性与现实性、统一性与多样性的统一，充分重视教育对象的主体性，使思想政治教育理念实现“主体间性思维”的转变，从片面突出社会本位转向社会与个人统一，从脱离生活走向生活世界。在遵循上述理念的基础上，注重教育的社会性功能与个体性功能，兼顾政治功能与经济功能、规范性功能与发展性功能相统一，实现思想政治教育功能的转变与拓展，紧紧围绕人才培养目标，提出“思想上有感悟、心灵上有触动、行动上有体现”的教学理念，将“学会做人”与“学会做事”结合起来，引导学生做到知行合一。

随着学院学分制的实施与完善，纯粹的“三全育人”教育实践会变得越来越少，因此，“三全育人”学科渗透不仅必要，而且是拓展“三全育人”空间所必需的。但从目前来看，我们对各专业学科中的“三全育人”教育功能的探索还远未达到较高的科学性，主要表现为：学科与“三全育人”教育衔接不畅，多数专业学科教师缺乏“三全育人”自觉性，“三全育人”盲目操作或低效操作；各学科之间的“三全育人”教育缺乏系统性，难以形成学科“三全育人”合力；学科“三全育人”的操作方法牵强生硬、单一单调。这些问题的存在，不仅造成了“三全育人”资源的巨大浪费，而且影响了学生思想道德素质的提高。因此，我们要以此为鉴，一方面要善于运用各学科的相关内容丰富“三全育人”内涵，增强“三全育人”感染力；另一方面要善于挖掘其他教学科目和学科中蕴藏的丰富“三全育人”资源，注重“三全育人”在高校各专业学科中的渗透。这对整合“三全育人”教育资源、发挥“三全育人”功能、指导高校“三全育人”途径是十分必要的。

2. 拓宽教育领域

高校教育主要是通过各专业学科教学活动得以实现的，学科教学在高校教学活动中所占比例最大，它不但是专业知识与技能教学的主要渠道，而且是实施“三全育人”的重要渠道。我们要利用学科优势，敏锐地捕捉其中鲜活的职业道德教育素材，开发更为宽泛的教育内容，凡是有利于学生健康成长与综合素质提高的教育内容都应纳入“三全育人”渗透的范畴。在教学目标方面，研究学科与“三全育人”的结合点，实现智育目标与“三全育人”目标的统一，使学生在获得专业知识技能的同时，思想品德素质亦有实质变化。在教学过程方面，形成专门学科逻辑与人格形成、德行养成逻辑的统一，实现德艺相长。在教学内容与载体方面，深入钻研学科教学内容，充分挖掘“三全育人”因素。“三全育人”以学科知识为载体，以学科教学过程为渠道，育德于学、贴近专业、贴近学生、贴近实际，既保证了专业学科的系统性，又增强了“三全育人”的艺术性与感染力。

3. 注重“三全育人”的学科渗透

“三全育人”工作者要加强与各学科教师的沟通，将“三全育人”融合在各学科教学之中，注重发挥人文科学和自然科学各门课程的整合作用，使学科教育者明确“三全育人”渗透的共同任务与分科任务；积极研究学科特点，通过合理组织和巧妙设计，积极创设“三全育人”过程中的学科情境，塑造学科角色，与学生互动完成“三全育人”任务；分解“三全育人”目标与内容，将思想道德内容渗透到学科教学与实习实训之中，弘扬核心价值观，使教师把爱岗敬业、诚实守信、办事公道、服务群众、奉献社会等职业道德内容融合在专业教学中；教师要根据学生专业和未来岗位因材施教，把思想政治教育和职业道德教育结合起来，利用学科的优势资源，实现课上与课下、校内与校外的学科“三全育人”实践及产学研结合，形成“三全育人”合力，发挥其整体功能。

4. 体现跨学科性与综合性

发达国家理工科大学注重在政治、思想、法律、心理等方面开展综合教育，而不是一味地进行专业教育，实现了“三全育人”与专业教育的契合与交融。例如，20 世纪 70 年代末，美国理工科大学兴起的“科学、技术与社会”（STS）教育运动[①]，科罗拉多矿业大学开设核心必修课程“自然与人类价值”，包括诸如研究思想与方法、研究道德与伦理、科学写作与修辞、科学研究心理健康等综合性的跨学科内容，有机地将专业教育与“三全育人”结合在一起。[②] 从总体上看，我国现有的高校以技能类与服务类的理工科专业偏多，这就要求高校的理工科

① 冈本正志，陶泉禄 .STS 教育的动向及目的、意义：STS 教育推进者们的见解 [J]. 呼兰师专学报，1995（4）：52—55.

② 雷庆，胡文龙 . 工程教育应培养能造福人类的工程师：美国科罗拉多矿业学院“人道主义工程”副修计划的启示 [J]. 清华大学教育研究，2011，32（6）：109—116.

“三全育人”积极借鉴国外的经验，进一步加强“三全育人”内容的跨学科性与综合性，积极探索，使“三全育人”真正贴近学生、贴近科技文化、贴近科技实践，提高“三全育人”的有效性。

（二）统合学校、家庭、社会、企业的育人资源

1. 契合“教育多元主体论”的教育理念

以往学校作为“三全育人”主体的地位界定明晰，也已达成共识，却与大环境融合不够，力量不足，形成了自我封闭的“三全育人”途径系统，与“三全育人”的大氛围难以契合。随着校企合作和工学结合的深度发展，生产育人功能不断完善，因此需要审核企业“三全育人”主体资格。除此以外，由于高校生源复杂、来源广泛，家庭教育也逐步成为实施“三全育人”的主体。确立学校、家庭与企业“三全育人”主体地位，达成“三全育人”共识，是构建立体化高校“三全育人”网络的理论依据与重要原则。

2. 实现学校、家庭、企业“三全育人”过程协调配合

三大“三全育人”主体需要整合，共同研究对高校学生实施“三全育人”的目标与内容、途径与方法、管理与评价。在认知与理解高校“三全育人”总目标的基础上，三方达成共识，分解为学校、家庭、企业“三全育人”目标，明确各自的“三全育人”任务与内容。通过宣传栏、广播电视、主题论坛、网站、微信、微博、QQ 等多种形式，开展生动、互动式的“三全育人”主题活动。三方及时交流沟通，总结反馈“三全育人”效果。三大“三全育人”主体的协调配合，有时可以针对一项“三全育人”内容，从多个角度进行组合实施，有助于学生对“三全育人”知、情、意、行的结合。这样会使“三全育人”的针对性更强，目的性更明确，做实学校、家庭与企业在“三全育人”观念、学生情况、“三全育人”目标、教育内容、“三全育人”方式、“三全育人”效果方面的沟通，逐步达到“三全育人”的同步协调。

3. 实现学校、家庭、企业“三全育人”资源共享

学校“三全育人”资源的优势主要是通过学校文化、校园活动、教师人格、学科课程等独特的资源来实施“三全育人”；家庭“三全育人”资源的优势在于通过家风建设（如“五好家庭”和“文明家庭”）、“合格家长，合格人才”的“双合格”家庭、感动社会的家庭典型的媒体宣传等资源来实施“三全育人”；企业主要通过规章制度、企业文化、企业精神，岗位职责等资源来实施“三全育人”。针对各自的优势资源，三者可以实现资源共享、优势互补。以学校为主体，家庭

和社会为辅助，形成合力，共同完成“三全育人”任务，逐步形成以学校“三全育人”资源为核心、家庭“三全育人”资源为基础、企业“三全育人”资源为依托的立体化的“三全育人”网络。

当今，随着网络“三全育人”的兴起，高校可以通过局域网将学校、家庭与企业连接起来，学生也便于参与其中，从而互通“三全育人”信息，共享“三全育人”资源，使“三全育人”一体化出现新的局面，大大提高“三全育人”的影响力。

四、新时代高校“三全育人”教学评价

大学生的思想、政治、法律、品德素质是精神性的、变动性的元素，其一言一行投射出其所思所想。而且其思想道德的形成要经历知、情、意、信、行，由简单到复杂，由量变到质变的循环往复过程，即由认知产生思想、由思想支配行为、由行为改造外界，在此基础上形成新思想、新认识、新行为，进一步改造外界。因此，“三全育人”是系统工程，这就决定了必须构建“三全育人”评价体系。“三全育人”评价是“三全育人”过程一个十分重要的环节，做好“三全育人”评价工作，对于较客观地认识“三全育人”现象与规律，实现“三全育人”过程的优化控制，详细认识大学生真实的思想、政治、品德、个性以及行为面貌，提高“三全育人”效率与增强“三全育人”效果都具有重要的意义。

“三全育人”评价体系是由“三全育人”评价对象所包含的一系列“三全育人”评价指标构成的，但由于“三全育人”涉及的范畴既有显性的，也有隐性的，要想给予一定评价指标量的规定性，其困难是显而易见的。高校“三全育人”评价体系包括对“三全育人”质量的检查、督导与评估，是整合创新高校“三全育人”体系的重要环节。然而，如何对“三全育人”体系进行评价，仍然是一个难题。现有的高校“三全育人”评价体系缺乏科学性，还有待健全：评价内容较为片面，只注重对学生政治理论课成绩的评定，缺乏对学生思想发展状况、道德认知与行为能力等方面的综合考查；评价结构有所偏颇，对理论知识考核和日常表现考核的比重过大，而对学生思想品德的实践能力考核过少；评价主体单一，“三全育人”评价主体是思想政治理论课教师和指导员，学生评价缺失；评价目的存在功利性；等等。

因此，我们要建立一套科学规范、简明有效、易于操作的高校“三全育人”评价体系，对整个体系内或子体系内从“三全育人”目标到“三全育人”效果进

行评价，优化控制“三全育人”过程，提高“三全育人”效果，增强“三全育人”效果，以真正发挥“三全育人”评价的导向和教育功能。高校“三全育人”评价体系整合创新的主要内容，要组织多元化的评价主体、丰富化的评价内容。

（一）主体多元化

“三全育人”活动不能忽视过程评价。开展对“三全育人”活动的过程评价，能够使“三全育人”活动的各个环节有序展开，使多个“三全育人”活动之间有机联结、有序协调。传统“三全育人”评价主体单一，往往只有教育者，而忽略受教育者的“三全育人”感受与体验。事实上，评价主体应该是多元的，不仅教育者是评价的主体，受教育者也是评价的主体。每一个主体既是对他人进行“三全育人”评价的主体，也是进行自我“三全育人”评价的主体。高校人才培养目标需要“三全育人”评价体系有所突破，就必须以班主任、思想政治理论课教师、学生管理工作人员、企业人员和学生为评价主体，并以此为基础进行定期的沟通评价，针对影响学生思想道德修养的主要环节，包括平时表现、课程成绩、实践能力、心理素质的实际状况建立“三全育人”积分档案，分阶段、分学期对学生的思想表现、交流与沟通能力、日常行为、心理素质等做出评价，毕业时应对学生进行一次综合性评价，并指明其思想道德修养的不足与努力方向。

在对“三全育人”过程进行考核评价时，要科学合理地构建具有综合性的“三全育人”评价体系，多主体、多角度、多层次、多方位地对“三全育人”效果进行评估，这样才能比较准确地反映高校“三全育人”的实际效果。健全高校“三全育人”评价体系既是一项系统工程，又是一项非常复杂的工作。“三全育人”评价体系涉及众多因素，需要学校、社会、家庭、企业等方面的大力支持和配合，也需要有一个循序渐进、不断完善的过程。这个体系包括学校“三全育人”评价、企业“三全育人”评价、班级“三全育人”评价和学生品德评价。在这个体系中，学生品德评价是“三全育人”评价的核心，班级“三全育人”评价是“三全育人”评价的重要内容，学校与企业“三全育人”评价则是全面衡量“三全育人”的重要标准，由此形成一个“三全育人”评价系统。发挥这个系统的功能，是促进学校“三全育人”工作整体优化的根本保证。

（二）评价内容丰富化

高校教育的目的是通过培养高素质技术技能人才来为一线生产、建设、管理和服务等做出贡献。高校注重实践性、职业性、复杂性和社会性，通过“三全育人”

理念来全面培养学生。高校作为最后一个正式教育的场所，应充分发展学生合作学习、自主学习、探究学习的品质，使他们能够在未来的个人生涯中践行终身学习的理念。与此相适应的高校“三全育人”评价内容理应更加丰富，紧紧围绕“三全育人”目标，体现“三全育人”内容。一些高校目前还不同程度地存在着重技能、轻“三全育人”的现象，“三全育人”教育得不到应有的重视，导致部分学生的职业道德素养有待提高。而当今社会，用人单位更多的是以“宽基础、高素质、强能力、广适应”的标准来选人用人，从业人员应具备较高的职业道德素养。“三全育人”教育有助于提高学生的专业技能，为学生掌握一技之长提供精准动力，更加有效地促进学生进行专业知识的学习和专业技能的讲练，消除消极的、不利的因素，为学生的成长成才指明方向。这种精神动力往往是通过情感意志，包括动机、信念、信仰、习惯、本能等非理性因素影响学生的身心发展，调节和控制学生的心理模式。因此，进一步丰富评价内容，就要在遵循公民基本道德规范与学生具体行为准则有机结合的基础上，充分考虑这些因素在高校“三全育人”教育中的作用，将情感、意志纳入评价内容，引导学生自发遵守规章要求。

第三章　基于“全员育人”的导师制建设

在分析了“三全育人”的整体实践策略之后，我们还应当具体对“三全育人”的三项不同要求进行分析。本章的主题是基于“全员育人”的导师制建设，分为三节：导师制概述、教师到导师的转型策略、新时代全员导师制探索。

第一节　导师制概述

一、导师制的必然性以及必要性

（一）导师制的必然性

1. 院校的自身特点

部分学者对我国高校的发展历程进行了深入研究，发现近年来我国高校的招生门槛逐渐降低，学生的学习能力和素质有待提高，部分学生存在学习基础、学习积极性有待提高等问题。针对这一现实情况，要想切实解决当前高等教育面临的困境，实现教育的预期目标，仅靠学生个人的力量是远远不够的。有关研究表明，构建一支专业化程度较高的高校教师队伍是提高教育质量、培养高质量人才的有效途径，其中导师制具有显著的优势。教育实践证明，导师制可以有效地克服师生之间的隔阂，使教师在学生的成长过程中发挥更加积极、关键的作用，从而进一步推进高等教育水平的提升。

2. 学生的心理特点

相比于高中在教师的引导下快节奏学习，大学生拥有更多的自主权。大学和高中在学习、生活等多方面的差异，使得部分学生在进入大学校园之初可能出现诸多心理问题，如失落、焦虑、茫然等。通常情况下，为了使学生更好地适应校园生活，导师往往会进行入学教育，特别是心理方面的教育，这是非常必要的。然而，在教学过程中，一些学者注意到，部分大学生的学术基础相对薄弱，并且未能养成良好的学习习惯，这使得他们在大学期间的学习存在一定困难。导师通过和学生的沟通交流，了解学生的优缺点，把握学生的个性特征，进而针对不同学生开展个别辅导，因材施教，有助于弥补专业课教师在教学方面的不足，帮助学习基础薄弱的学生制订个性化的学习计划，并逐步取得进步。

实践证明，实施导师制不仅契合知识经济时代高校持续健康发展的需求，而且适应了学生追求个性化的特征，同时是变革传统管理方式的必要措施。

在计划经济时代的高校教育管理中，教师处于核心地位，强调对学生的约束和控制，而学生处于从属地位，只能被动地接受教师的"管理"。然而，随着社会经济以及科学技术的快速发展，信息时代悄然来临，多元化趋势日趋凸显。相比于过去的学生，当代学生的需求更加多元化、个性化，传统的教育管理方式已经难以满足当前的管理需求。因此，我们需要采用更加灵活和个性化的教育管理方式，以适应时代的变化和满足学生的需求。传统的教育管理方式以"管理"为主，目的是实现学生的"服从"。表面上看，学生都"服从"，对于教师的"管理"心悦诚服，然而这只是表象，背后潜藏着许多不稳定的因素。为了使管理工作更加有效，必须引入新的管理模式——导师制。导师制的核心思想是用"导"来替代"管"，在"导"的过程中达到"管"的效果。这意味着教师的角色由管理者向指导者转变，学生也不再被动地接受教师的管理。这种管理方式让学生感受到了教师的尊重和关怀，同时有助于营造积极向上的文化和精神氛围，使学生的思想观念、价值取向等得到潜移默化的转变，进而积极参与管理活动，实施自我管理。

3. 教师的独特性

教育界的专家学者之所以倡导在高校实施导师制，除了契合学校自身发展和学生特点之外，还考虑到高校教师的独特性这一重要因素。在学校里，教师是学生最常见、最亲近的人物，他们对学生的心理发展有着重要的影响。教师作为教育活动的主体，其言谈举止对于学生的成长发展具有引导作用和示范作用。然而，现实情况是由于工作任务的繁重，教师经常无法与学生进行充分交流。即使教师能够抽出时间为学生提供指导，这种零散且缺乏系统性的指导对学生的长期发展也没有太大的促进作用。事实上，导师制的实施在很大程度上为教师提供了与学生开展科学对话的机会。鉴于教师作为学生导师的职责也是教师考核的一部分，所以教师作为导师的角色并不会因为任务繁重而对学生的指导质量产生负面影响。

（二）导师制的必要性

1.满足学生个性化发展的需求

（1）学生的特点要求“因材施教”

学院根据学生在知识基础、能力、特长等方面的差异性，开始实行班导师制，班导师是根据学生特点而推行的教育方法，是新时代对“因材施教”教育理论的又一探索。

（2）学分制下学生要求“自由学习”

由于学生在知识储备和技能等方面存在欠缺，他们很难依靠个人努力实现真正的自主学习。高校中的班导师逐步引导学生，帮助他们尽早体验真正的学习，并且学生在这个过程中开始学习如何通过自己的选择引领自己，自由选择并实现自己的人生规划。学习过程实际上是在激发学生的创造性和主动性，通过内心的驱动力逐步培养学生成为能够自主选择、发挥作用的个体。

2.促进教育教学和学生管理服务相融合

当前部分高校依旧沿袭计划经济时期的管理模式，设置了辅导员和班主任两个工作岗位，承担不同的工作职责，这就导致辅导员和班主任关注的问题存在差异，在一定程度上造成了学校教育教学和学生管理服务的割裂。从辅导员的角度来说，辅导员的工作十分繁杂，他们不仅需要关注学生的思想动态和日常行为，定期对学生开展思想政治教育，引导他们养成良好的行为习惯，形成正确的人生观、价值观，而且要完成学院领导安排的其他工作任务。这就导致辅导员的时间和精力被分散，对于班级管理存在心有余而力不足的情况，使得班级管理工作规范化、制度化的目标难以实现。由于无法将时间和精力聚焦到学生身上，辅导员很难真正深入了解每个学生，也就无法实现个性化和差异化的教育。长此以往，学生无法获得有益的指导，学校也不能了解学生状况，在学生管理和学校教育方面无法达成共享的目标，导致学生发展和学校教育之间出现断裂，无法形成合力。从班主任的角度来说，传统的院校教育管理服务工作以管理为主，班主任在其中扮演着至关重要的角色。然而随着学分制在院校的广泛应用，传统班主任制度下整齐划一的班级管理方式已然不能满足学生个性化的要求。学生在步入大学校园后，自我认知程度逐渐加深，情感体验逐步丰富。他们积极关注社会各方面的事务，追求更完美的自我，希望能够融入社会。部分班主任的管理方式过于刻板，不能有效地满足学生的需求，继而导致学生产生困惑、焦虑、无助等负面情绪。与此同时，随着改革步伐的不断加快，中国与世界的联系日益紧密，竞争日趋激烈，面对未来与日俱增的就业压力，学生需要不断强化自身的专业知识、素养和能力水准。然而，由于班主任的工作经验、学术水平以及管理方式等方面的各种限制，学生的需求很难被满足。

3. 适应教师专业化发展之需

教师专业化发展是指教师作为专业人员，在专业思想、专业知识、专业能力等方面不断发展和完善的过程，即从专业新手到专家型教师的过程。根据教师专业发展的含义，一个教师或者一个教师队伍的专业化发展包括理论和实践两个方面。理论方面要求教师掌握学科内容、学科教学法、课程、教育学、心理学和一般文化等原理类知识；实践方面要求教师在教育教学实践中能恰当地使用所掌握的知识。

当时，学校的教师队伍步入了年轻化的阶段：40 岁以下的青年教师已超过 2/3，其中 30～40 岁的教师和 30 岁以下的青年教师分别占 40% 和 25%。① 教师队伍是推动学校变革与创新的基石和动力，而年轻、富有活力的师资团队则是让学校焕发生机的重要因素。如同一个硬币既有正面又有反面，年轻化的教师团队同样既有优点又有不足。一方面，年轻化的教师团队带来了更先进的教育理念和更专业的教学能力。他们有着较强的工作热情，乐于接受新事物、新思维，能够以积极乐观的态度对待自己从事的教育事业，更愿意在实践教育理念的引导下进行教育探索和研究，因此他们的理论知识更加扎实，也更有研究精神。另一方面，受年龄和阅历的限制，他们的教育行为仍有欠缺，教育素养和规范有待进一步完善，教育经验有待进一步积累。换句话说，青年教师的专业实践能力还需要在多样化的实践活动中得到锻炼和提高。

基于教师队伍的实际情况，学校迫切需要探索一种新的方式，以促进教师的专业发展并提高他们的专业知识和技能水平。

二、导师制的全面实施

导师制通过探索学生培养的途径和方法，为学生的发展提供更好更合适的资源和平台，同时希望通过学生的发展提升学校的办学品质，探索出学校发展新的增长点。目前，各高校希望通过导师制的全面实施，建立有重点、分类别、面向全体学生的导师制教学模式；开阔学生视野，发展学生的求异思维和创新思维，使其学会质疑和讨论，培养主动学习和探究问题的意识，在合作学习中发展个性

① 单晶晶．高校教师年龄结构特征与工会工作策略研究[J]. 经济师，2020（12）：230-231.

特长；关注学生的情感、方法、习惯与心理等，落实个性发展和特长发展，促进学生通用能力的提高，为学生的终身发展奠定基础；培养学生成为高素质的毕业生，能够有更多的学生进入全国重点高校继续深造。

（一）双向选择建立导教关系

学生与教师之间的导教关系是建立在学生与导师双向选择的基础上的，并经所在年级导师制全体教师会议讨论后确定。全面实施的导师制是“两条腿走路”的，即导师班和普通班同时实施，二者之间既有交叉又相互平行。

1. 导师制的基本框架

根据学生特点，学生以自愿原则申请导师制，结合导师的选择确立导教关系。

高校可将导师制分 A、B 两组，每组都应该落实导师制的工作目标，同时关注组别特点。A 组为综合导教组（导师班组），全面关注学生的问题意识、自主学习意识，全面提升学生的通用能力。B 组为个性发展组（普通班组），根据学生情况，有重点地分别关注学习方法、学习心理、学习习惯、人文素养，通过兴趣特长、科技创新、通用能力、课题研究等方面的导教，促进学生的个性发展。

A 组学生人数应不超过 22 人，B 组学生人数不限，两组之间实行定期流动制；A 组导师以同年级任课教师为主，B 组导师在全校范围内确定；每位导师带教同一年级学生不超过 8 人。

2. 导学关系的确定程序

导师自愿，撰写自我介绍，表达特长、爱好、导教方式内容等；学校安排导师采用不同形式向学生进行自我介绍；学生根据自己的学习状况和发展方向填报志愿，进行选择。

导师每年级带教学生数不超过 5 名，三个年级带教学生总数不超过 15 名。导师在不超过限额时应接受学生申请，在已达到最高限额时可在申请的学生中自主选择；学生在志愿中可以选择 3 名导师，并依据喜爱程度前后排序，如 3 个志愿都未被选中，可在未满额的导师中再次选择，直到确定导学关系。

导师与学生的关系并不是一成不变的。在大学学习期间，高校应为学生提供一次自主申请更改导学关系的机会。变更时间应为大一第一学期、第二学期和大二第一学期结束时，学生需要以书面方式提出变更申请，并在申请书中明确说明变更的原因。如果导师因调岗或其他原因被取消导教资格，那么该导师的学生可以在还未招满学生的导师中重新选择一个新的导师。

（二）定期交流加强导教关系

根据导师制全面实施的指导思想和工作目标，导师需要与学生进行定期的沟通和交流，以加强二者之间的导教关系。综合导教组和个性发展组应根据不同年级学生的不同特点制定阶段式的任务、内容和形式。综合导教组和个性发展组的导教任务相同，但是在时间、内容以及导教形式的安排上仍存在一定的差别。与个性发展组相比，综合导教组的导教时间除了学校规定的面向全体学生的每周五下午的导教课时间和其他课余时间外，还包括学校课程教学时间和拓展、研究型课程时间；在导教形式上，除了个别导教和联合导教之外，还包括导师班的导师团进行的团队导学。

（三）管理保障夯实导教过程

导教过程需要一定的组织、资源、制度等的保障才能进行下去，为此，高校应制定一系列的保障措施，以此确保导教的顺利进行。

1．组织保障

（1）建立学校 A 组导师团和年级导师小组

学校可建立 A 组导师团，人数 8～10 人，负责导师制 A 组学生的导学活动，全面管理指导学生的思想、行为、心理、学业等综合发展。A 组导师团对校长室、年级负责，A 组导师团负责人全面负责 A 组导教活动的有效开展，负责协调与年级组或各教研组的关系。各年级建立除 A 组导师外的 B 组导师小组，在年级核心组的领导下开展导教活动。

（2）导教会诊

导师团应每 2 周集中交流一次，分析每位学生的近期发展情况，并制定下阶段发展措施，研究导师制实施过程中碰到的问题、困难及其解决办法。B 组导师应与年级班主任每 2 周集中交流一次，分析、交流每位学生的近期发展情况，并制定下阶段发展措施。

2．资源和技术保障

学校提供导教活动所需要的教室和设备。导师可以向教导处提出其他教学资源的使用申请，由教导处和总务处协调解决；个别导教活动由导师自行安排。

导师根据需要为学生印发学习资料等可向教导处提出申请。

高校应充分利用校园网络，开发和使用网络记录平台，用于全程全面记录导教过程，学生的思想、行为、心理、学业等各种情况和学生成长过程。

3. 制度保障

（1）导教记录制

A 组导师和学生在学校的导教平台上全程记录导教活动，B 组导师和学生在导教记录本上全程记录导教活动。

（2）导教计划审核制

导师每学期制订导教计划，由学校审核导教计划的可行性、可操作性。

（3）学生考核评价制

导师和学校全面考核评价学生导教活动的参与情况、发展情况。

（4）导师考核评价制

学校对导师导教活动的投入情况、指导情况和导教成绩进行全面考核评价。

第二节　教师到导师的转型策略

一、教学理念层面的改变

导师制作为一种教学制度，可以追溯到 14 世纪的英国。随着时间的推移，导师制不断发展和完善，并逐渐传入其他国家，如今许多国家都开始实行导师制。[①] 导师制赋予教师班主任、任课教师以及生活顾问三重角色，这也是教师原本之角色。然而，随着高校学生数量的逐年递增，班级规模日益扩大，这就导致班主任因承担过多的学生工作而无法充分关注每一个学生，从而引发教师角色的冲突。同时，任课教师师由于没有被学校制度化地赋予除了教授课程之外的其他指导职责，进一步导致了教师角色的分离。所有这些因素综合影响了教育的效果。因此，导师制成为解决这一问题的最佳途径之一。导师制为教师提供了明确和具体的职责，通过这一制度可以缓解班主任角色之间的矛盾，激励教师发挥多方面的教育功能，使他们能够以教师本色担任任课教师。

导师制的核心思想是以学生为中心，从学生的特征出发，把握学生个性化的需求，让教师扮演导师的角色与学生建立密切联系，以便为每个学生提供关爱和支持。导师致力于为学生服务，学生在学习、生活中遇到困难时，导师都是他们

① 吴晓茅．我们的导师制 [M]．南京：江苏教育出版社，2007．

可信赖的倾诉对象，并及时为他们提供帮助，给予他们鼓励和安慰。这种制度促进了师生之间情感的沟通交流，增进了教师和学生之间的相互理解和信任，从而创造前所未有的和谐师生关系。它鼓励学生在遇到困难时寻找导师，从而营造良好的教学氛围。为了帮助学生更好地成长成才，导师应采用更为灵活和人性化的管理方式。他们不仅要关注学生的思想动态，还要帮助他们解决学习中的各种难题，在生活方面为他们提供建议和指导，引导学生不仅停留在课本知识的层面，还要走出教室，融入集体，进入社会，鼓励学生积极参与社会活动，通过实践锤炼他们的意志品质。当学生出现心理问题时，导师应迅速介入，探索可行的解决方案，促进其健康幸福地成长。在日常学习生活中，导师要尊重每一位学生，充分发挥自身的人格魅力，以言传身教的方式来引导学生，培养其发现问题、自主解决问题的能力，鼓励学生积极参与教育管理，让学生从被动接受管理转变为主动参与管理，从而形成一种良性循环。

（一）"一对一"个别指导

导师制的起源是因为学生的心智尚未完全成熟，所以需要有专门的教师来提供单独的辅导，如帮助学生进行课程选择，指导其学习和生活。指导学生是导师的职责之一，要求导师在一定时间内与每个学生进行交流，以便为每个学生提供个性化的指导。这种方式有助于教师迅速掌握学生的思想动态和学习进度，进而为学生提供针对性的指导，确保学生健康地发展。

如何提高教育质量，实现教育预期目标是教育界人士探讨的热点问题。教育界研究者发现，只有当教师与学生建立紧密且友善的关系时，他们才能对学生产生有目的、有意识的积极影响。因此，教师必须学会倾听学生的心声，及时调整自己的行为以适应学生变化发展的需要。随着班级规模的不断扩大，班主任的责任范围也在不断扩大。除了教学外，班主任还需要负责班级的日常组织与管理工作。然而，由于学生人数众多，班主任很难全面、细致地了解每个学生的学习、生活和心理状况，这也使得他难以为每位学生提供更多的情感关怀和指导。实施导师制可以解决上述问题，因为在导师制下，导师和学生建立了长期稳定的关系，导师担负着建立学生个性档案的责任，这要求导师全面了解学生的兴趣、才能、性格等个性特征，并以此为依据进行个性化指导。"一对一"的指导方式不仅加强了教师与学生之间的互动，还深化了他们之间的相互理解，使得师生关系变得更为和谐，从而提升了教学成效。

（二）“德”“智”“教”“导”融为一体

德育同智育是相辅相成、相互促进的一体两面。在教育过程中，教师要结合时代精神，站在社会发展和学生个体成长的高度，将德育同智育有机地结合起来，要始终坚持以学生为中心的理念，充分发挥学生的主体作用。在未来的高等教育中，我们应该始终坚持以德育为基础，以智育为主线的模式。课堂是传授学生知识、培养学生能力的主阵地，因此在具体的学科教学中，教师不仅要根据教学计划教授相应的学科知识，还要结合教学内容进行政治思想和道德教育。除此之外，教师还应加强注重日常行为规范的教育，引导学生养成良好的行为习惯，注重发展学生的个性品格，培养其坚韧不拔的意志和百折不挠的毅力；高度重视培养学生的实践能力，鼓励学生积极参与社会实践。有关研究表明，以学生为主体的活动是培养学生实践能力的重要形式，它为学生展现自身才能提供了舞台，具有体验行为准则、塑造良好道德品质的积极作用。只有这样，才能在不背离学校教育主旨——授业、育人的前提下，最大限度地发挥学生的潜能。学生的品德道德对其学习素质的发展有着至关重要的作用，只有对品德教育给予高度重视，才有可能保障和促进学生学科素质的全面提高。重视德育不是口头上的承诺，它需要我们齐心协力来付诸实践。导师与学生之间所建立的指导关系确保了导师与学生之间的长期合作和交流，有助于导师更好地了解学生的思想动向，积极关心学生的人格成长，从而实现德育、智育的共同发展。

古人说：“读万卷书，行万里路。”有人甚至说：“读书不如走路。”这些话说到底无非在讲社会实践对读书、成人的重要性。导师制社会实践活动是一种以学生亲身参与为主要教育途径的特殊教育形式，是导师制教育形式的重要组成部分。这种教育形式强调学生学习的自主性和实践性，要求学生在导师的带领下走入社会，自主参与到“实践”中，运用自己所学的知识，在校园之外，在“观察”“考察”“调查”“探究”“服务”“劳动”中发现和解决问题，体验和感受生活，发展实践能力和创新能力，锻炼学生的适应能力、实践能力和策划、组织、协调能力，从而为学生更好地走向未来提供了广阔的视界，奠定了良好的基础。

目前我国学校德育主要采用简单说教的教育方法，虽然这一方法在一定程度上起到了一定作用，但长期如此，学生就变成了被动接受和强制执行的个体，他们作为生命的主观能动性受到了打压和抑制。导师制社会实践活动给学生提供了主动认识社会、践行道德的机会，学生有了亲身经历才有更加深刻的体会，才能在他们的内心深处唤起情感的共鸣和深刻的反思，帮助他们形成独立的道德判断思维能力和道德实践能力。

有人认为现代社会是“虚拟社会”，充斥在学生身边的网络、电视、课堂、书本、父母的唠叨、师长的教诲，对学生来说都是第二手的知识和经验，在一定程度上阻隔了学生同现实生活的联系，让学生没有了对现实世界的鲜活感受。导师制社会实践活动将学生置于真实的生活世界之中，把学生置于他实际生存的世界中去认识、去体验、去分析、去批判、去创造，学生的主体地位就能得到体现，学生就能从中找到自己的位置，就有可能构建起自己的思想世界和认识。

道德教育实际上指的是通过外在的教育辅助手段来养成基本做人的德行的过程，它强调主体人对外在教化的内在建构。但在现实的教育活动中，部分教师主观地认为学生就是一个接受道德的“容器”。学生是有血有肉、有自己思想的独立个体，单一简单的灌输方式并不能让学生把这些德育的理念内化为自己的意识并将其付诸实践。把一些相对固定的道德原则和观念灌输给学生，学生只是把它们当作知识点来记忆，并没有对其进行思考和加工，知其然而不知其所以然，缺乏情感的共鸣和深层次的体验。因为缺乏情感的共鸣，学生对道德的体认始终处于被动接受的地位，没有积极的情感体验和主动参与的意识。只有道德认知是远远不够的，如何去激发他们的内在动机和生命体验，让学生在德育过程中经历情感的波动，并将这种情感体验内化为自己行为的准则，学会独立思考和判断，形成独立的道德实践能力才是最重要的。也就是说，要把知、情、意、行看作一个整体，最终看学生在这几个方面是否发生了一致的变化，才是检验德育是否成功的标志。“德”的教育从来不是靠嘴上说说而已，没有相应的环境和经历，一切都只会显得肤浅和苍白。可想而知，这样的育人成效不会高。

德育在我国学校教育中占有重要地位，如何提高德育的效果一直困惑着教育工作者。不论采用何种方式，我们都应该明白德育不是说教，不是灌输德育知识，德育更多的是唤起学生内在的体悟，而如何激发学生内心的情感波动和良知是当前学校德育亟须解决的难题。

德育工作在各个学科中都是不可忽视的一项工作。学校通常开设专门的德育课程进行教学，但往往这样的课程带有说教意味，且教学效果有待提高。在学生看来，这仅仅是一门需要学习的课程，自己并不能从中真正获得心灵的启迪和道德的洗礼。我们的教育面对的是千差万别的生命个体，如果期望通过专门的德育课程解决所有的德育问题显然是不现实的。因而，我们要采取具有针对性的措施，把握好学生的个体差异和心理，具体问题具体分析，制订适合他们的德育方案。

德育课程目标的实现有赖于丰富多彩的活动的支撑，学生通过参与这些活动，潜移默化中提升自身的道德品质。在这样的课程中，教师扮演的角色和采用的教学方法与传统的教学模式有着显著的差异。教师不再是单纯教授教学内容的知识传授者，而是学生学习过程中的支持者、合作者和指导者，他们的主要职责是引导并激励学生参与教育活动。这种全新的角色定位为师生进行有效互动提供了条件，使课堂教学成为一个充满情感交流的过程。在扮演各种不同角色的过程中，教师也成功地帮助学生通过活动体验生活、积累经验、发展能力和初步形成良好的习惯和品德，实现理想的教育效果，在实践中学德育。

孟子说“恻隐之心，仁之端也；羞恶之心，义之端也；辞让之心，礼之端也；是非之心，智之端也。”① 所以仁、义、礼、智等普遍道德准则是由人类善良本性生发出来的。但是，这些良知，这种人性光辉的诱发和唤醒需要特定的环境和氛围。孔子说：“能近取譬，可谓仁之方也已。”② 当导师制社会实践活动将学生置于一个与自己的生活环境有着巨大反差的社会环境之中，看到他们同龄人的生活状态、切身体验他们的生活时，学生内心深处的良知才能被立刻唤醒。

（三）多渠道深化师生交往

现代社会，除了校园里面对面的直接交流，师生的交流方式趋向多样化。打电话、发短信、发电子邮件等方式都能在不同程度上满足师生的交往需求。在学生面临学业、情感等方面的问题时，他们缺乏相应的倾诉渠道，导师的出现让他们多了一份感情的依靠和信任。无论是学习还是生活中遇到的任何困难，如果不想和家人说，也不想和同伴交流，学生可以选择和信任的导师沟通。只要他们愿意，可以通过各种方式和导师沟通，导师也非常愿意帮助学生排忧解难。

中国古代就有飞鸽传书和寄信的交往方式，到了现代社会，信息化的网络平台已经让我们逐渐遗忘了这种传统的沟通渠道。我们已经很少用信件来和他人沟通，在我们看来这是费时费力的事情，根本没有必要。但在教育中，这种沟通方式远没有过时，相反，它会成为数字时代里的一抹亮色，为师生的交往增添别样的色彩。

交流方式的选择非常重要。方式的选择因时间、地点、人物和场景的不同而不同。总的来说，就是要因人而异。每个学生都是独一无二的个体，性别、性格、家庭背景等，都是导师需要考虑的方面。方式选择得恰不恰当，直接影响到师生

① 孟轲．孟子[M]．西安：三秦出版社，2018．

② 孔子．论语[M]．长沙：岳麓书社，2011．

交流的效果。如果方式选择不当，最后不仅不能达到预期的效果，反而会使师生关系更加恶化。

二、教学方式层面的革新

导师制的另一特点是师生合作渠道畅通，对于引导学生开展自主学习、培养其“学会学习”的能力有着积极意义。导师制使教师与学生之间建立了持久且稳固的指导联系，极大地促进了他们之间的合作与交流。在导师制下，导师需要为每位学生创建详细的个人档案，以全面了解他们的学习方式、兴趣爱好以及其他个性特征。为了实现这个目标，导师应与学生保持经常性的沟通，及时关注学生的学习进展，这样可以提高师生之间的交流频率，从而加大师生合作的力度。导师制为教师与学生之间的和谐关系创造了一个有利的环境，在这样的背景下，导师可以有效地引导学生养成积极的学习态度，掌握科学的学习方法，从而引导学生“学会学习”。

学生不是缺知识，而是缺少获取知识的方法，所以帮助学生养成良好的学习习惯、改进学习方法，是提高学习能力及成绩的关键。除了坚强的毅力，正确的学习方法和生活方式也是很重要的。教师要想引导学生养成良好的学习习惯，就必须深入了解学生的学业状况，如学生的学习态度、学习习惯、学习方法等，只有对上述要素有了深刻把握，才能进行科学合理的判断。学生要想在未来取得卓越的成就，势必要具备卓越的能力，持续不断的学习能力就是其中之一。学习能力是使一个人终身受益的能力，教师的责任之一就是引导学生掌握学习能力。目前，部分学生存在学习习惯不佳、学习方法不当等问题，因而必要时应该规范和调整学生的学习行为。

（一）疑义相与析始于“问”

“疑问”二字，是由“疑”加“问”组成的。字面理解，是先有“疑”，才会有“问”，但二者也并不是完全的因果先后关系，“疑”“问”二者是相辅相成的。“疑”可以带来“问”，“问”也可以在引导中带来“疑”。关键还是要教会学生如何“疑”和“问”。我们常说问题意识，鼓励学生提问，但学生就是提不出问题。英国生物学家查尔斯·罗伯特·达尔文（Charles Robert Darwin）说过：“最有价值的知识是关于方法的知识。”[①] 学习得法，事半功倍。掌握科学的学习方法，

① 达尔文．达尔文自传[M]．方华文，译．郑州：河南文艺出版社，2020．

不但能帮助学生取得优异成绩，更能成为学生的宝贵财富而使其终身受益。个别导教的实施，让导师和学生有了更多面对面的机会和时间。在师生面对面的沟通中，导师可以根据学生个体的认知特点，提供相应的学习方法，以帮助学生在学习过程中举一反三，学会学习。

（二）重结果更重过程

长期以来，教育界的专家学者在探讨教学方法时将目光聚焦在教师教的方法上，重点研究教师如何教才能激发学生的学习兴趣，而忽视了对学生学的方法的探究。他们侧重于研究教学效果而忽视对学生学习过程的研究。这种做法导致教学方法这一统一体被割裂为教与学两个对立个体，使得教学活动难以达到和谐状态，也无法最大限度地激发学生的主观能动性，点燃其学习激情。

随着社会的进步，现代教育理论研究不断深化，先进的理论研究成果不断涌现并被应用到实践中取得了显著的成效。人们深刻意识到构建现代化的教学方法体系是促进知识经济时代教育领域发展的必由之路，而要想构建现代化的教学方法体系势必要满足两个条件：一是注重对教师教的过程和方法的研究；二是确立学生在教学活动中的主体地位，确保教育真正基于学生的学习体验。相比于前者，后者更加重要且急迫。因此，教师要重视对学生学习方法的研究，指导学生有效学习，培养学生的自学能力。

巩固知识对学生来说非常重要，而复习是实现巩固的关键步骤。在指导学生掌握复习方法的过程中，教师需要特别注重帮助学生了解在何时进行复习最为有效，以及如何利用教科书和课堂笔记来进行复习。此外，教师还需要教导学生如何进行自我检测，如何运用比较分析和综合归纳等方法来提高复习效果以及如何处理好复习和记忆的关系等。在学生的学习过程中，系统总结作为一个较长周期的终结部分，旨在将在课堂上学到的知识进行系统化和条理化的整理。教师的任务是传授总结的方法，引导学生结合具体情况运用不同的方法进行总结，教会他们如何以问题为主线进行总结，如何利用对知识的比较、分类、抽象、概括等思维方法进行总结，更要教会学生如何依据总结合理地调节自己的学习进程。

三、专业发展的优化选择

（一）教师合作文化的制度保障

导师制的全面实施在赋予教师一个新角色——“导师”的同时，也对教师的专业发展提出了新要求、新挑战。教师的专业发展需要一个立足教育教学实情的校本平台，而导师制正是与教师常态工作相适应，让教师合情合理地走近学生生活，了解学生、指导学生，在指导学生中完善自我的一个平台。这是对教师专业发展的要求，也是教师挑战自我的过程。为了使导师制平稳良好地运行，我们需要重新定位教育理念，发展教师的专业能力，形成积极合作的教师文化，从而更好地指导学生，促进导师制的全面发展。

1. 教师合作专业发展的内涵

教师合作文化的形成有赖于几个因素的协调以及开放、宽容的态度和行为。学校在制订学校发展规划和各项规章制度时应调动教师的主观能动性，鼓励教师积极参与，使教师清楚学校的发展目标和思路，从而为学校的持续发展贡献自己的力量。当学校的发展愿景成为学校和教师共同的发展愿景后，教师在处理个人意愿和集体意愿之间的关系时，就会从集体利益出发，主动调整自己的教学观点、方法和材料，以实现集体利益的最大化。学校应该营造互信、互谅的氛围，让教师之间能够积极对话、交流、观摩和互相评鉴，在这个过程中，教师不断汲取其他教师的成功经验，不断更新教育理念、变革教学模式，使自身的工作由孤立的技术性工作向专业探讨的方向发展，进而形成奋发向上的文化氛围。教师个人应树立终身学习的理念，不断加强自身的道德素养，培养互帮互助、同心协力、相互信任的价值取向，加强与其他教师的交流合作，定期参与培训，分享知识、经验、资料等，提升自身专业化水平和教学质量。

从生态学的角度来看，教师之间的合作专业发展契合教师专业发展的趋势，是教师专业发展的必然选择。这种模式涉及教师的文化、社群、合作、背景等多种因素，涵盖了更宏观的层面。任何模式的实施都离不开一定条件的支持，这种专业发展模式也不例外，构建一种合作的教师文化是实施该专业发展模式的必要条件。学校中存在四种教师文化——个人主义文化、分化的文化、合作的文化以及硬性规定的文化，这四种文化各有特点。在个人主义文化中，教师与教师之间是彼此孤立的关系，处理课堂事务是教师的主要职责，他们将大部分时间和精力都投入自身的课堂管理；在分化的文化中，教师的工作是相互分立的，有时为争取权力和资源，教师与教师之间甚至是竞争关系；在合作的文化中，教师与教师之间是合作的关系，教师之间开放、互信、相互支持是构建合作文化的重要基石；在硬性规定的合作中，教师被要求围绕行政人员的意图与兴趣进行“合作”，是一种被动的、人为的合作，而不是自主、自愿的合作。其中，合作的文化是最为理想的教师专业发展文化。

2. 合作导教加速教师专业成长

高校实施导师制之前可邀请相关专家与教授参与开题报告会，开题后成立课题组研究完整的组织机制。课题组应面向全校教师进行关于教师职业心态和专业发展需求方面的问卷调查。总体而言，我国教师专业发展需求是积极的，大多数教师关注学生和自身专业的发展。

“合作”是指不同的个体（个人或群体）为了共同的目标而协同活动，促使某种既有利于自己、又有利于他人的结果得以实现的行为或意向。教师合作导教是教师为了达到共同的导教目标，彼此协调、沟通而形成的互相帮助、互相依存、互相提携的联合教学；紧紧围绕某个主题，通过教师与教师之间的对话、研讨、交流与合作，达到更好的导教效果。在教师联合导教的过程中，应实现教师资源的联合，使得教学系统各动态因素多边互动。它不同于学校原有的教研组、备课组、年级组等组织开展的教研活动，是教师自发的基于导教需求开展的教学研究活动，在形式上可以是同伴互导、协同教学、课堂观察、问题小组、课题研究等。具体思考如下。

（1）激活教师合作教学的意识，走向基于合作的教学与专业发展

教育教学工作本身就是一种合作的事业，教师之间的合作是搞好教育教学工作的前提。进入信息社会后，合作成为社会的主流信号。加强教师之间的合作，引导教师充分认识合作的价值，可以改变由于学科本位而导致的狭隘的专业素养观。合作教学需要通过教学任务来维系，每位参与合作的教师应承担自己的责任，完成自己在分工基础上的任务，能自觉地配合、支持其他参与者的行动，实现合作教学中知识、经验、技术等资源的共享和能力的增值。

（2）课题引领，探索创建合作导教的有效途径

在教师合作教学活动中，课题研究是至关重要的形式之一。在教师合作中，鼓励教师从实际需求和发展出发，充分利用学校内部资源，以优势教育实践为支撑，借助团队力量，积极探索课题研究的紧密合作，以完美呈现出教师合作的效果。合作教学对于推进教学实施和促进专业发展具有重要的基础作用。教师之间

的合作形式是多种多样的，课例分析是应用较为广泛的形式。课例分析作为一种教师合作模式，以课题为载体，由课前设计与分析、课中调整与互补、课后反思与修正三个环节组成，实现了教师群体互助与参与。

(3) 整合资源，构建教师合作文化

华东师范大学终身教授钟启泉指出："承担学生学习与发展的，从根本上来说，不是每一位教师，而是整个教师团队；不是每一间教室，而是整个学校；不是每一所学校，而是整个社会文化。"[①] 新课程背景下的教学与传统教学有着显著的差异，秉持以人为本的理念，坚持以学生为中心，倡导在教学过程中灵活运用对话、合作、探究等教学手段。这一切的实现有赖于健全的制度和文化系统的支持，以促进教师之间沟通交流，加强教师的合作意识，实现整体教师团队的提升。在建设课程资源时，要充分利用各方面的资源，不断扩充教师的合作教学资源。在实施导师制的过程中，教师之间的合作导向是非常重要的一部分，因为它是有效实施导师制的关键要素。实践证明，教师合作有助于充分挖掘教师群体的潜力，发挥其优势，实现资源互补。教师合作不仅有助于新教师借鉴经验丰富教师的成功经验，帮助其快速成长，而且有助于经验丰富的教师学习更为先进的教学理念，促使其不断改善教学方法，帮助其朝着专业化的方向发展，更快地成长为专家型、研究性、反思型教师。学校要深刻意识到教师合作的重要性，深入探索教师合作的新理论、新形式，促进教师专业化发展，推进导师制的实施。

（二）深化个体专业自省

作为一名合格的教师，学科专业知识只是其能力结构的一部分，善于将学科专业知识转化为教学反思也是教师能力结构的重要组成部分。在教学过程中，指导学生学习其实也是教师提高教学能力的重要途径。教师在指导过程中逐步掌握学生的学习规律和学习特点，从而不断调整指导的策略，教学能力自然就提高了。

教师要想持续提升自身的专业能力，就必须具备教学反思的能力，这是教师自我成长的核心要素。通俗来讲，教师的专业发展过程就是刚刚走上教师岗位、尚无教学经验的新手教师成长为能够胜任工作的教师，然后再蜕变为拥有扎实教育理论知识、丰富教学经验、敏锐洞察力的智慧型教师。在这个过程中，离不开教师对自身教学行为的深刻反思。教学反思指的是对教学过程进行回顾和思考的

① 钟启泉．现代课程论（新版）[M]．上海：上海教育出版社，2015．

活动，其目的是提升教学质量和效率。教学反思是教学过程的最后一个阶段，在这个阶段中，教师不断积累教学经验，完善教学方法，这对提高教学质量非常重要。教师在进行教学反思时，需要反思如下内容：第一，反思传授的知识是否正确；第二，反思教学方法的选用是否恰当；第三，反思课堂导入是否合适；第四，反思教学过程中出现了哪些失误以及为什么会出现这些失误；第五，反思是否有更合适的教学策略。这些有规律性的经验将成为未来教学的指导原则。通过持续反思并不断提高，教师能够快速提高自己的教学能力，在教学和科研中得心应手，快速成长。

导师制不是以增加教学时间换取所谓的“发展”，而是要通过学习行为的优化和学习方式的变革，提高学习效能，实现学生的持续发展。应该让每一位学生都能在导师班这个环境中体会到与其他班级不同的教学风格。导师制重视问题意识，强调主动学习，关注学习行为，倡导团队合作，这不仅让学生拥有了良好的学习氛围，而且逐渐培养和提高了学生的独立自主、沟通交流、组织协调等能力。人本主义教育思想认为，教师应该是学生学习的促进者、帮助者、鼓励者，而不是学生学习中的训练者、教导者、操纵者。教师要做好这一角色，应做到以下几点：第一，全方位了解学生的情况，提供贴心的关怀。真正理解学生的内心世界，坚信学生有着无限的潜能。第二，尊重学生人格。第三，努力营造具有真实、接受和理解特征的课堂心理气氛，并且意识到自己力量的存在。第四，激发学生的自主思考能力，引导他们明确思考方向和行动目标。第五，采取各种各样的方法，如开放学习、咨询学习、集体讨论等。

研究人员对现代教师的专业发展进行了广泛而深入的研究，结果发现反思是教师专业发展的必然要求和根本前提。如果没有反思，教师的专业发展将会受阻，长期且深入的教育变革也将成为一纸空文。只有教师拥有反思的意识和能力，才能深入思考自己的教育理论是否契合社会需求、自己坚持的教育理念是否符合时代精神、自己积累的教学经验是否符合教学规律、自己实施的教学实践是否满足当代学生的学习需求。只有经过深刻的反思，教师才能超越理论局限，摆脱经验权威的影响，使得理论和经验相互碰撞、交融，达到升华。只有经过深刻的反思，教师才能不断汲取前沿的教育理论，运用现代化的教育手段，进而成长为反思型的教育实践者，成为更好的教师。教师之间的合作专业发展是教师专业发展的一种形式，自然也需要有教师的反思。相较于教师个体专业发展的反思，教师合作专业发展过程中的反思的范畴更加广泛，教师不仅要对自身的教学行为进行反思，还要对合作过程进行反思，注重运用批判教育学的思想、观念和方法，审视自己和他人的理论、言行，以消除偏见、限制和障碍，从而更好地探寻教学的本质，掌握教学方式。

（三）"强强联合"让学生全面发展

在导师制全面开展以前，教师之间的交流与合作主要体现在班主任和学科教师的班级管理方面和同一学科教师之间的教学沟通方面。总的来说，教师间的交往主要集中在学科和班级管理方面，交流与合作的范围小，深度和广度不够。而导师制的全面铺开使得不同年级不同学科的教师有了更多的机会进行交流与合作，因为导师所带学生并不一定是自己班级的学生，有时为了更好地了解学生、促进学生更好地发展，导师需要向熟悉学生的班主任或者科任教师"请教"，共同商讨如何和学生沟通，解决问题。且每周的导教课形式多样，导师也会共享可用的导教资源，取长补短，吸收彼此好的经验，这就是联合导教。

联合导教让导教活动从内容到形式都更加丰富，符合学生的需求，让学生真正有所得。这都在无形中增强了不同教师的交流与合作，这个过程充分发挥了教师的自主性，由被动地迎合到主动地分享。在这个过程中，教师会主动审视过去的教学理念是否滞后、现在的教学行为是否符合规范，并结合社会的需求和自身的发展方向制订未来的规划，能自主自为地遵循专业发展的计划，并将其付诸实践，从而成为更好的导师。

教师在导教中应坚持的原则：以育人为主，主要指向学生的情感态度与价值观。应贯彻一个中心：以活动为中心。在导教中应坚持两个基本点：一是计划与生成的结合。学期学年联合导教应该有一个计划，前后既有联系又循序渐进，否则就会流于形式而失去其应有的教学效果。二是主体与主导的结合。学生参与导教主题和方式的规划与设计、组织与评价、记录与反馈，教师参与其中的讨论，帮助学生提供参考的资料，保证讨论的秩序，推进讨论的深度。

全面实施导师制后，不同年级的学生在一起，联合导教应运而生。导师自行结队进行联合导教。联合导教的最大优点在于资源整合，有助于建设内容丰富、形式多样的有特色的导教活动。毕竟一个人的力量有限，联合导教将人和人联合在一起，碰撞出思想的火花，更有利于激发学生和教师的思维。同时，这个过程也是互相学习和自我学习的过程。教师虽然拥有较为丰富的人生阅历和学科知识，但不可能面面俱到。联合导教让不同的教师和学生聚在一起，自我反思、自我更新，弥补自身的不足，学会从不同的角度看待问题；学生之间通过联合导教，有了更多可以交流和分享的同伴，可以展现自身的多面性，从而让导师更好地了解学生，针对存在的问题找出解决的办法。这一过程不仅是帮助学生成长的过程，也是导师提升自身专业能力的过程，同时也凸显了学校特色，丰富了导教课程的内容和形式。

很多教师都会关心一个问题，就是如何去评价导师、评价导教活动。导师制是一种探索，是行动研究，过程管理可以促进导师制的完善。为此，学校可以建立导师制的记录平台，把导师制的一些导教活动用即时记录的方式呈现出来。实际上，导师制的导教活动除了对话交流方式之外，还引导导师与学生运用网络平台进行网络对话，当学生遇到困难又难以当面交流时，可以通过这个平台咨询教师。其作用还在于加强学校与家长之间的沟通。最主要的是，这个平台把最原始的记录过程保存了下来，是很有价值的实证材料，这其实是一种发展性评价。发展性教师评价与传统的侧重选拔、奖惩的教师评价方式有着很大的不同，它强调教师的进步，以推动教师的专业化发展，实现教师自身的价值为宗旨，突出评价的诊断、激励与调控功能，以满足教师的需求。

发展性教师评价具有如下特征：学校领导深刻意识到教师发展对学校持续发展的重要性，对于教师发展给予高度重视，通过鼓励教师参加培训、邀请专家讲课等方式提升教师的专业化水平；深入教师群体，了解教师需求，掌握教师专业发展的第一手资料，确保教师评价的真实性和准确性；注重提升教师的综合素养和道德品质，增强教师的人格魅力，充分发挥其专业价值；不断丰富评价方式，实施同事之间的教师评价；提高教师的参与度，激发教师的活力和热情；扩大交流渠道；结合学校发展规划和教师成长方向制订科学合理的评价计划，使评价者和教师明晰双方的职责，调动评价者和教师的积极性，为实现共同发展目标而不懈努力；制定既符合社会需求又契合教师个人发展的长远目标。有关研究表明，实施发展性评价对于教师的专业化发展有着不可估量的作用，只有实施发展性教师评价，才能消除教师之间的恶意竞争，使教师能够真实地表现自己，自发地接纳和帮助同事，进而构建合作的教师文化，促进教师的合作和成长。

实施导师制的过程中也会遇到很多困惑，如导师到底需要具备哪些素养？什么样的教师可以成为导师？除了对话式和活动式导教方式以外，还可以有哪些拓展？等等。很多问题都需要不断探索。

教师要想成为好教师，必须一切从学生成长出发，关注学生学习品质的形成，使全体学生全面成长。这样来说，课堂应成为学生的课堂，成为唤醒学生学习、激活学生学习、彰显学生学习、调适学生的学习心态、磨炼学生的学习意志的主场所。从这种理解出发，好教师就要始终如一地和学生结成学习的朋友、学习的知己，成为学生身心成长的同行者、领路者和鼓动者。只有具备这样的意识与行为，教师的课堂舞台才能让位给学生，让学生在课堂中生机勃发、斗志昂扬、兴趣四起、思维活跃，每一节课堂才有可能成为学生成长的幸福驿站，才有可能成为联结师生、联结课内外的绿色通道。

第三节　新时代全员导师制探索

一、加强师资队伍建设

高校应引进更多具有丰富教学经验和更高研究能力的教授和导师，提高他们的专业素养和导师能力，以更好地指导学生的学习和发展。此外，高校还应该鼓励教师参与课程开发和更新，以及为导师提供持续的专业发展和培训机会。

二、优化课程设置

传统的学科分类和课堂教学模式可能无法完全满足学生的个性化需求。因此，高校可以考虑对课程进行重新划分，增加跨学科和综合性的课程，使学生能够更好地理解不同学科之间的关联性。此外，高校还应该鼓励学生参与研究项目和实践活动，提供更多实践机会，培养学生的创新精神和实践能力。

三、建立完善的导师制度

导师与学生之间的密切互动是全员导师制的核心。高校可以建立导师制度和学生导师团队，为每位学生分配一个或多个导师，帮助他们制订学习计划、指导学术研究、解决学业和职业发展中的问题。导师应当充分了解学生的兴趣和需求，根据学生的个性和特长制订个性化的学习方案。

四、倡导学生自主学习和发展

导师不仅是知识的传授者，更应该是学生成长的引路人和支持者。高校可以通过开展与导师制度相关的活动，如学术论坛、导师工作坊等，促进学生与导师之间的交流和互动，激发学生主动学习的热情。

五、加强学生评价机制的改革

传统的考试分数并不能全面评价学生的能力和发展。高校可以引入多元化的评价方式，如学术报告、项目展示、学科竞赛等，从不同角度评估学生的学习成果和综合素质。

第四章　基于“全程育人”的高校教育建设

本章将重点分析基于“全程育人”的高校教育建设，主要从三个方面展开论述：“全程育人”与高校校园文化建设、“全程育人”与高校社会实践、“全程育人”与高校学生科研。

第一节　“全程育人”与高校校园文化建设

一、校园文化的育人功能

（一）校园文化育人概述

文化是民族的精神底蕴和根基，是民族和人民精神的港湾。文化虽然是无形的，但有着巨大的力量，人们可以从中获得灵感和智慧。人类与文化的关系就像鱼和水的关系一样，它们相互依存、相互促进。鱼只有在离开水的时候才会意识到水的价值，同样，人类只有进入文化觉悟的阶段才能真正意识到文化的价值。随着社会物质生产的进步，文化也在不断发展。健康向上的文化并不是与生俱来的，而是汲取人类在漫长历史长河和社会实践中累积的文化遗产的精髓并不断创新的。随着社会经济的发展，人类的物质生活水平不断提高，逐渐有了更多的时间和精力去关注精神和文化领域。人们对文化的认识和理解不断加深，高校及高校校园文化走入人们的视野，成为社会各界研究的热点课题。

1. 校园文化育人的重要性

校园文化是一种特殊的文化现象，它只存在于学校之中。校园文化是学校长期教育实践的结晶，是被全校师生所认同的价值观念、目标追求和行为方式。校园文化一般由三个层面构成，分别是理念层面、制度层面和物质层面。其中，理念层面的校园文化是校园文化的核心，它反映着学校的理想信念和价值追求，是校园文化的精神和灵魂，也是制度文化和物质文化的思想基础；制度层面是校园文化的具体物化，具体表现为学校制定的各项规章制度和行为准则，这些规章制度得到了广大师生的认可；物质层面的校园文化是校园文化的外在表现，通过对制度文化进行不断提炼、不断融合，将理念文化展现出来。高校的校园文化是经过长时间实践积累而形成的，它是高校生存和发展的重要基础。校园文化蕴含着高校特有的文化特征，这些特征是高校历经自身发展所积淀的，并且是在吸收借鉴社会文化的基础上融入高校意愿后形成的一种独特的文化现象。校园文化是各所高校互相区别的重要标志，具有专有性、稳定性、标志性、延续性，是一所高校的灵魂。同时，校园文化作为国家整体文化的重要组成部分，也是一个国家、一个民族整体文化的命脉，是社会文化发展的“指南针”，能真实地折射出社会文化的整体发展进程；它更是社会文化的“助推器”，在参与社会文化的传承、创新、传播、发展过程中扮演着十分重要的角色。

高校作为文化建设的重要组成部分，承担着传承优秀文化和思想创新的重要使命，在引领先进社会文化和推动人类文明进步方面扮演着重要的角色。良好的校园文化不仅能够提高高校德育工作的针对性和实际效果，同时对于培养中国特色社会主义事业建设者和接班人具有重要而深远的意义。

育人功能主要体现在校园文化不但能使置身其中的广大师生在生活、学习等各方面都得到熏陶和感染，引导他们树立符合时代要求的价值观，还可以规范师生的思想和行为方式。首先，与高校日常教学实践活动强调“灌输性”不同，校园文化的教育功能更多表现为它的隐蔽性、人文性、暗示性和渗透性。校园文化能够使生活、学习、工作其中的人在不知不觉中接受教育，并内化成风尚、习惯、规范，从而带上校园文化的印记。其次，与校园文化的社会性功能和情感性功能相比较而言，育人功能虽然在一定程度上也表现出对学生社会化和个体情感化的关注，但它更多强调的是“文化育人”的精神文化氛围。好的校园文化可以促进学生成长进步，同时在高校师生的心理意识、行为观念的形成和发展过程中承担了重要功能，如聚合功能、导向功能、娱乐功能和育人功能等，其中育人功能是核心。因为高校以育人为本，育人是高校的最根本功能，是高校的固有属性，也是高校存在的定律，若脱离了育人，高校就不能被称为高校。虽然校园文化的其他功能也都表现出育人的特点，但“育人”的要义不只在于让学生掌握一门专业知识和技能，更重要的是让学生在掌握知识的过程中学会做人做事，提升其文明素养和个人修养，做一个全面发展、身心健康的人。

高校的根本使命是培养人才，高校的每一项工作都与人才培养质量密不可分。作为高级人才培养主阵地的高校，理应以社会对人才的需求为出发点，探索和构建相应的人才培养模式，促使高校毕业生高质量地充分就业。为构建适合人才培养而形成的校园文化就显得尤其重要。我们要充分认识高校校园文化的育人功能，努力建设具有时代特征和富有特色的校园文化，不断满足社会经济发展和国家对创新拔尖人才的需要。

2. 校园文化育人的表现

高校校园文化是由相关要素关联构成的，其中包括高校理念、高校精神、高校价值追求、高校制度和高校环境在内的一切文化要素，这些构成了校园文化的生态系统。总体上说，校园文化承担着为社会大文化培养德智体美劳全面发展人才的历史重任，潜移默化地影响着身处其中的学生。将这些因素概括起来，无外乎高校校园文化因受不同群体价值取向的内在支配而趋向分散化和多元化。随着社会的进步，可以从两个方面对高校校园文化的表现形式进行阐述：一是从精神层面来建设无形文化；二是从行为、物质、制度层面来建设有形文化。

具体来说，高校校园文化就是指生活在高校中的教育者、受教育者及行政人员等在长期实践办学中逐步体现出的具有学校特色的物质文明和精神文明。校园文化应当包括优美的校园环境、科学的管理制度、良好的校园风气以及丰富多彩的文化活动。这就要求一所高校有整体并合理的科学规划，建设有完备的基础设施，存在着蕴含高校精神的人文景观，以及满足广大师生所需的服务设施，并且要总结凝练出自身的办学特色、科学的管理制度、浓厚的学术氛围，以及独具特色的校园文化活动。

高校校园文化建设可以说是一项庞大的系统工程，在构成校园文化的物质、制度、行为、精神等多个要素层面上形成自己的文化，已经成为各高校努力探索和追求的目标，也是各高校打造教育品牌、塑造独特形象、形成竞争力的基本途径。

（二）校园文化育人的机理

《国家中长期教育改革和发展规划纲要（2010—2020年）》指出，高校应承担积极推进文化传播、弘扬优秀传统文化、发展先进文化的任务。高等教育作为文化传承的重要组成部分，不但是文化大发展的重要载体，而且是民族文化创新的基地。[①] 高校不仅是传承、传播和创造先进文化的重要场所，还承载着为党和国家培养优秀人才的重要使命。因此，高校建设必须牢固树立文化育人的理念，

① 人民出版社．国家中长期教育改革和发展规划纲要（2010—2020年）[M]. 北京：人民出版社，2010.

把握文化育人的时代内涵，融合多元文化，深化对文化实践的认识，让良好的校园文化成为学生的价值向导，不断深化对文化的认识，不断鼓励学生创新实践，继往开来。

1. 校园文化的育人内涵

校园文化是高校育人的软实力。校园文化不仅体现在教书育人、传道授业方面，更体现在营造学校的文化氛围、积累文化底蕴使其影响学生的道德修为、精神面貌，进而影响整个社会的道德风尚和文化氛围等方面。新形势下，社会多元化思潮剧烈冲击着学生的思想与心灵，校园文化育人面临着全新的挑战与机遇。高校需要对校园文化育人的内涵有更深刻的把握，才能有力地提升校园文化育人的质量与水平。

（1）培育精神文化，实现文化认同

高校的精神文化是高校文化的核心内容，是高校发展历程中积淀下来的宝贵财富，是高校社会声誉的突出体现，更是彰显高校特色的旗帜象征。在培育高校精神文化的过程中，重在实现凝聚广大师生思想意识的文化认同，使全体师生形成共有的价值观念、理想追求、心理素养、道德修为、思考方式、行为准则等精神层面的价值取向。在多元化思潮的背景下，高校要进一步明确精神文化的内涵，积极宣传文化特色，创立自身的精神文化品牌，以学生喜闻乐见的活动为载体，传播精神文化的育人理念。高校一方面要明确社会主义核心价值观的内涵，将其内化为学校精神文化的一部分，注重校园诚信和学术规范的建设；另一方面要提炼出特色精神文化的精髓，如校训、校歌、校徽、校旗、校史等，将学校的办学理念和特色文化与时代背景相结合，进一步明确学校的发展定位，展现出学校富有朝气的精神文化。

（2）丰富物质文化，实现文化熏陶

高校的物质文化是指为了满足学生在学习、生活、成长等方面的需求所创造出的物质产物和文化氛围。物质文化不仅是高校文化的外在体现，还是弘扬精神文化的重要保障。丰富物质文化的目的在于，以优美的文化环境、良好的文化氛围为学生的成长成才提供物质基础，为精神文化的传承与积淀提供物质载体，为师生学习、生活、工作提供文化熏陶的环境。物质文化体现在学校的建筑风格、基础设施、图书资料、仪器设备、雕塑盆景、地标建筑、广播报刊、网站论坛等，通过校园环境、人文景观的建设，让学生感受到学校独特的文化风格，营造独特的校园文化氛围。新形势下，新媒体在学生群体中的广泛普及，使物质文化外延到网络平台，学校的网络社区、自媒体、网络公共平台作为学校文化氛围的组成部分，承担着愈加重要的文化熏陶功能。学校必须注重网络新媒体平台文化的建设，为网络平台的运营提供物质上的支持和保障，更多地深入师生生活，宣传精神文化，使学生在接受网络信息的同时，不断地接受校园文化的熏陶。

（3）建立制度文化，实现文化引导

高校的制度文化是指维系高校运行周转，指导学生行为规范的政策、制度、法律等规则体系。高校的运营不仅需要坚实的物质基础，还需要严格的制度管理。高校校园文化影响着高校制度的形成，制度的背后是文化使然，制度是文化的体现，反过来，制度也是传播、创造精神文化的重要保障，要维系一个组织高效、有序、规范地运行，必须有一个合理的制度体系作监督引导。学校的制度文化存在于学校的章程、管理规定、仪式活动、教育形式等各个方面，深入学生会、社团、班级、团支部等学生组织，通过对学生行为的规范、制约来正确引导学生的思想思维、行为准则，进而激发学生高尚的情感和道德，养成良好的行为习惯，达到以制度文化育人的目的。新形势下，学校要围绕精神文化培育的总体目标，进一步加强学校管理法治化、民主化建设，建立依法治校的制度文化，做好学生的文化引导工作。

2. 校园文化的育人维度

高校是知识和文化传播的殿堂，推动着我国知识经济的形成和发展，肩负着为我国社会主义现代化建设培养德才兼备全面发展人才的重任。高校校园文化一方面指引着人的全面发展，另一方面给他们提供了巨大的舞台促进其发展。高校校园文化是在各类具有积极意义的文化基础之上融汇而成的。高校能够根据社会的发展要求，顺应时代发展的主旋律，依据整体的教育目标，确立一定的价值目标体系和行为方式，形成一定的文化氛围，对校园个体起到一定的指引和熏陶作用。学生可以在这样的条件下选择适合自己的价值目标、生活方式，从而塑造自身的人格。反过来，校园个体是高校校园文化的创造者、参与者和享受者，他们能够根据自己的兴趣、特长和需求，通过参加各类丰富多彩的校园文化活动发现自己、证明自己、塑造自己，从而完善和发展自己。高校校园文化是一种高层次的文化，它有着多层次的内容，因此校园文化的育人维度也是多方面的。

（1）品格塑造

从物质文化建设方面来说，学校的教室、文化娱乐场所、实验室和宿舍等各类场所，都是为校园个体服务的，都是为实现教育这个根本目标而服务的，充分体现了其教育服务功能。比如学校的图书馆，它是知识的宝库，是知识的殿堂，它的环境优雅，有利于师生读书学习。一些国内知名院校的雕塑、极具特色的校园纪念馆等都体现了这些院校的历史文化传统、教育目标和成就，无不激励着后人要不断地向前辈学习，创造更加辉煌的成绩。

从精神文化建设方面来说，学校的各项管理规章制度以及校风、学风建设等教育作用更显而易见、更直接、更深刻。学校的各项管理规章制度是学校办学的有力保证，这些制度规定了学生在学习和生活的各个方面和各个环节的要求。这些管理规章制度蕴含了学校深刻的教育制度文化。如果说学校的各项规章制度是有形的力量，那么校风和学风就是一种无形的力量。校风和学风一旦形成，对每一个校园个体都会起到一定的导向、约束和激励作用，这是一种无形的教育工作和教育力量。

（2）思想引领

首先，思想引领表现在陶冶学生的情操方面。优美的校园环境、如诗如画的校园风光、布局合理的校舍建筑、积极健康的教育教学设施、整齐干净的道路等无一例外地将带给学生巨大的精神力量。学生在良好的校园文化的感染和熏陶下，由美生爱，从而产生热爱母校、热爱家乡、热爱祖国的优良品德；学生在优美幽静的环境下学习，舒心怡神，有利于增强他们的环境保护意识；积极健康的校园文化对低俗腐朽的消极文化也有很好的抵制作用，能够帮助学生形成良好的世界观、人生观和价值观。

其次，思想引领表现为培养学生的集体意识和团结合作精神。校园文化是以学校为单位的，学校是一个集体，这就要求学生注重学校的集体形象，正确地处理好集体利益和个人利益的关系，坚持集体主义原则，注重彼此之间的相互协作。不论是自身发展的需要还是外部环境的压力，都要求学生正确地处理好个人和集体的关系，牢固树立集体意识和团结协作精神；反过来，一个团结友好的集体也会使学生感受到温暖，深刻意识到集体力量的强大，从而树立起集体主义的思想和观念。

（3）行为规范

置身于校园文化中的师生不仅受到了文化感染、熏陶和教育，同时思想观念、价值判断、道德行为也会受到校园文化的规范和制约。这种规范和约束是通过学校长期以来形成的制度文化、共同认同的道德规范以及优良的精神文化传统来影响个体，对师生的行为产生广泛的约束力。学校健全的规章制度以及在此基础上形成的校园制度文化都是规范学生行为的外力，而校园中的集体舆论、道德规范则是学生彼此约束的内力。学校严格的规章制度和健康的集体舆论对学生的言谈举止具有规范导向作用。当学生的某些言谈举止不符合学校的规章制度和集体舆论的要求时，学生便会进行自我调节和矫正，从而尽快地修正自己。

（4）实践教育

对学生来讲，高校是他们生理、智力发展的黄金时期，是他们取得社会活动资格的极为重要的阶段。能力培养功能主要是指培养学生适应社会的各种能力的功能，帮助他们学会各种适应社会生存的规范、知识、能力及生活方式等，从而使各方面得到协调发展，与社会之间达到一种平衡有序的稳定状态。

首先，高校校园文化能够帮助高校学生掌握适应社会的各种知识技能。为了进一步达到素质教育的要求，我国很多高校相继进行了一系列的课程体系改革，突破了以往狭隘的学科局限性，拓宽了学生的理论视野，培养学生以多维视野去观察社会中复杂多变问题的能力。最重要的是将理论与实践有机地结合起来，真正做到理论联系实际，帮助学生理解、掌握并学会运用知识。只有通过实践，学生才能够切身体会到教师在课堂里所讲的许多道理。在这些活动中，高校学生可以逐渐提升自我管理的能力，也可以增强自主、自立、自信和自强的意识，提高独立生活的能力和进行社会活动的能力，改变了以往学生只与书本打交道的状况，为他们将来走上工作岗位奠定了良好的基础。

其次，高校校园文化可以帮助高校学生掌握社会行为规范。学生在走上社会、走上工作岗位之前，必须努力让自己学会特定角色的社会行为规范，只有这样才能尽可能地缩短社会适应期。而要掌握特定角色的社会行为规范，就要真正地践行这个特定社会角色。高校应开展丰富多彩的校园文化活动，使学生在其中学习如何适应社会，逐渐认同并践行该社会角色的行为规范和价值理念。在校园文化活动中，学生通过演绎不同的社会角色，逐渐积累各种不同的社会角色经验，对他们将来担当正式的社会角色起着非常重要的作用。在校园文化活动中，学生可以认识到自己可能的前景，并且设计自己所期望的人格特征。与此同时，学生之间还可以相互监督和相互促进，这对于他们掌握社会行为规范方面有着极其重要的作用。

3. 校园文化的育人途径

校园文化不仅是课堂教学的必要补充和延伸，而且是坚持用社会主义思想占领学校思想文化阵地的重要形式。从一定意义上说，校园文化对于学生素质的形成和提高，促进学生健康成长具有潜移默化的作用。因此，大力加强校园文化建设，积极拓展校园文化建设的渠道和途径，充分发挥校园文化的育人功能，努力把学生培养成有理想、有道德、有文化、有纪律的德智体美劳全面发展的社会主义事业建设者和接班人，是加强高校校园文化建设的根本出发点和落脚点。鉴于校园文化建设是一项系统工程，它的丰富内涵和鲜明特点决定了其育人途径的多样性。从以往的实践经验来看，校园文化的育人途径主要表现在以下四个方面。

（1）实践化人

参与实践是文化“化人”的最佳途径。高校校园文化的“化人”功能得以实现的关键一步，是学生将内化了的先进思想外化为积极的行为，只有将“外化”实现，才能真正达到“化人”的效果。社会实践是高校培养人才的重要环节，鼓励学生亲自参与实践活动是实现文化育人的最佳途径。

第一，高校应引导学生参加校园内的实践活动。高校内的文化活动多姿多彩，如学生艺术节、文化周、运动会、篮球赛、英语演讲赛等，学生可以根据自己的兴趣来参与活动，挖掘自己潜在的才华。校园内的文化活动不仅能丰富学生的课余生活，提升学生的文化活动层次，更是学生自我教育、自我成长的良好途径，能不断完善学生的人格，有助于学生形成正确的价值观，有利于文化育人产生实效，促进学生全面健康成长。

第二，高校应引导学生参加校园外的社会实践活动。学生不仅要读万卷书，更要行万里路，走出校园参加社会实践可以认识社会、接触实际，通过直接参加生产劳动锻炼实际操作能力和协作能力，在实践中成长。例如，高校寒暑假的社会实践、“三下乡”等活动，为学生提供了良好的锻炼机会，是学生了解社会的平台，能满足学生锻炼自我、提升自己的需求，实现自我认可；志愿者服务活动是文化育人的重要途径，也是对学生进行思想政治教育的新方式，是实现文化“化人”的有效载体，已成为文化育人工作中不可或缺的重要环节。

（2）优化校园物质文化环境

高校要想构建形象美、寓意深的校园物质文化，就要善于发挥管理者、教育者、学习者的积极性，并组织好、协调好学校各方面的力量。这是因为美好的校园物质文化可对人产生持久的、潜移默化的教育影响，能引起人们思想感情、审美观念的变化，特别是师生自己动手美化的校园，更值得人们爱护与珍惜，这是教育中最微妙的要素之一。

一是建设校园标志性建筑。校园标志性建筑可展示高校的办学历史和办学理念，体现师生文化观念和审美追求，它是校园建筑布局的灵魂，也最能反映一所高校的人文关怀和科学精神。建设校园标志性建筑的目的是增强师生对学校的归属感、认同感。高校在建设校园标志性建筑的过程中，可以运用视觉设计的手段，通过特定的造型、色彩、内容等设计将学校的办学思想、精神理念、管理特色等融入其中，形成标志性建筑的校园文化。

二是做好校园内部环境的规划。突出特色和美感是校园环境建设的基本要求，校园整体环境设计要力求与学校已有建筑的风格相一致，与校园的自然与人文特色相协调。校园教学区、科研区及生活区等不同功能区域要进行统一规划设计；校园建筑群要根据师生具体的活动需要进行合理布局，体现鲜明的层次性和对人的满足，目的是形成不同校园主体、不同学科之间的互相交流与高效发展的和谐气氛；为了便于高校师生的工作、学习和生活，各功能区域在保持适当距离的基础上，既要相对集中，又要避免相互干扰；校园内主干道的修建要充分考虑人流量、车流量，既要保证安全，又要避免给师生的工作、生活带来不良影响。例如，哈佛大学的庭院中有参差交错的林荫，纵横交错的小路，穿行在其中的师生彼此会在小路上邂逅，来去匆匆于绿荫下，在享受校园风景乐趣的同时，也可相互共享信息。①

(3) 强化校园制度文化育人功能

制度文化是一种对师生的生活、工作和行为举止具有规范作用的文化，集中体现为学校的规章制度。校园制度文化不仅规定了学校全体师生在教学、科研、管理中应遵守的基本行为准则，也在一定程度上体现了一所学校的办学宗旨和办学特色。它能够通过一定的手段对校园人的思想进行引导，促进师生更好地发展进步。校园制度文化既体现了制度本身所具有的丰富的育人价值，也发挥着校园文化应有的育人功能。

①注重制度文化的人本性

高校校园制度文化育人的关键是要加强学校各种制度的科学化和人性化，充分尊重高校师生的主体性和自主性，实现全员、全程、全方位的育人目标，从而使制度文化有效地满足人的全面发展。高校应树立“以人为本”的管理理念。“人本”管理要求学生管理的过程富有弹性，而不是用硬性的规则去限制学生的个性发展，忽视学生对实现自身发展的个性诉求。要坚信学生是能够独立自主地把握自己命运的人，他们应该获得学习的自由。因此，制度文化建设一方面要注重自身的权威性，做到校园主体的各项实践活动都有章可循，即树立依法治校的理念，保证学校管理运行的高效性；另一方面要突出对师生的人文关怀，维护师生自主、自由工作、学习和生活实践的权利，促进师生的全面发展。

②注重校园文化制度创新

发挥校园制度文化的育人作用，应该坚持校园制度体系的不断创新。高校制

① 余凤林．百年哈佛给我们的德育启示[J]. 科学咨询，2017 (18)：47–48.

度文化必须坚持与时俱进，不断完善和创新。要想促进校园制度文化创新，应加强高校与社会的联系。这是因为校园文化是社会文化的重要组成部分，而且随着高等教育大众化的不断发展，高校越来越成为社会文化的中心。高校要想继续保持对社会文化的引领，就不应脱离社会，而应当与社会保持接触，并以自己的实力和声望对重大而紧迫的社会问题、社会现象进行研究，从而对社会可能采取的行动与对策产生影响，同时获得与自身发展变革相关的信息，以便对社会的变化做出及时的反应，并在与社会其他文化的相互碰撞、相互影响中保持独立性、先进性和科学性。

（4）示范引领学生行为规范

促进学生成长成才是高校最直接、最根本的目标。高校必须通过有效的示范引领，影响学生的思想和行为，以促使在校学生成长与进步。

①注重发挥教师的示范作用

高校教师是校园文化最重要的行为主体之一，其行为直接体现了校园文化的育人功能。教师对学生的引导、榜样、示范作用影响着校园的行为文化，校园行为文化正是通过教师的言传身教、行为示范达到教育的“不为而成”。清华高校原校长梅贻琦除了著名的“大师论”外，在总结清华建校 25 年的进展时曾说：“师资为高校第一要素，吾人知之甚切，故亦图之至亟也。”① 高校教师的治学严谨态度、专业素质修养和高尚人格魅力都能够通过言传身教传递给学生。教师在传授知识的同时，他们的世界观、人生观、价值观也会深深地影响学生，对学生树立积极的人生理念和个性品质有重要的导向作用。发挥教师的示范作用，就要全面提高教师素质，加强教师师德建设。一个高素质的教师，除了需要具备广博的知识，更主要的是具备高尚的思想道德素质。在教育实践中，身教重于言教，教师的精神面貌、道德品质和举止言谈都影响着学生的精神状态、道德观念和行为习惯。教师的教书和育人相辅相成，对学生的素质养成同等重要，而德育不仅是教师的工作任务，更应是所有教育工作者的自觉行为。

②建设高校网络文化活动主阵地

网站主阵地是高校网络文化的有效载体，是对学生进行思想政治教育的重要场所，也可以对文化育人起到示范作用。高校网站阵地建设既要有主题网站建设，也要有思想教育、政治教育等网站建设，学生社团、学生组织等网站建设，以及学生就业、学生服务等网站建设。此外，针对学生热衷于社会时政热点及其好奇

① 梅贻琦．大学的意义 [M]. 武汉：长江文艺出版社，2021.

心和求知欲较强的特点，也要建设相应的满足学生需求的网站，既可以是专题形式的网站，如学校重要举措工作网站等，也可以是综合性的网站，如校园BBS论坛等。

二、“全程育人”中人文环境建设的重点

（一）改革传统的教学观念

以传授知识为主还是以培养学生的创新能力为主是传统教学观与现代教学观的根本区别之一。传统教学观认为，将知识记得越牢固越好，并把知识作为一成不变的绝对真理来掌握，致使学生的学习没有积极性，其创造性、创新能力得不到重视和培养。为了满足知识经济对创新人才的要求，教师必须改变传统的教学观念，树立现代的教学观，着眼于对学生创新能力的培养。在教学工作中，教师应正确而恰当地运用探索、研究、发现式的教学方法，这对促进学生智力的发展以及培养学生的创新能力都有积极的意义。另外，教师在教学工作中既要注意给学生创设问题情境，激发他们的求知欲，又要引导学生的思维过程，鼓励他们大胆地提问，富有创造性地解决问题。

（二）建立良好的师生关系

长期以来，在我们的教育工作中，师生之间是一种垂直的教育与被教育的关系，学生处在被动接受教育的地位。为了满足知识经济对人的创新能力的要求，教师应当有目的、有意识地建立一种新型的师生关系。一方面，教师要形成尊重学生的良好教风，在教育工作中真正尊重学生的人格、思想、情感、意志等，不能挫伤学生的积极性，更不能讽刺、挖苦、打击学生的自尊心，挫伤其主动进取精神；另一方面，教师要善于给学生提供表达自己的看法、意见、思维的机会，善于发掘学生的个性潜质，鼓励他们积极思考、自由探索、勇于创新。

（三）培养教师的敬业精神

教师是学校教育成败的关键。教师的敬业精神起着凝聚人心、激励学生、调动学生积极性、挖掘学生潜能的重要作用，并在思想道德、价值观念、科学文化等方面起着导向和规范的作用。

1. 培育具有个性特征的敬业精神

敬业精神是教师在长期的教学与管理实践中所形成的群体心理定式和价值取

向。教师的敬业精神包括世界观、价值观、教师道德、行为方式。高校应培育教师具有个性特征的敬业精神，让敬业、勤业、乐业、精业的精神在岗位上闪光，使教师成为学生学习的楷模。

2. 加强职业道德建设

在教师职业道德建设中，重要的是从思想上引导教师形成奋发向上的职业精神。高校应引导教师从自身做起，把制定岗位规范作为职业道德建设的具体措施，把提高素质和业务水平作为职业道德建设的具体体现，把突出考核奖惩作为职业道德建设的着力点。

第二节　“全程育人”与高校社会实践

马克思曾经说过，“劳动是人的本质，劳动是人类对自然界的积极改造，是人类社会区别于自然界的标志”“劳动创造了人本身”“人的类特性恰恰就是自由的、自觉的活动”。[①] 这说明劳动是人的本质，自由自觉的活动是人的类特性。人类能够通过劳动改变和创造世界；人类只有通过劳动才能使自身不断进化，获得全面发展。

一、高校社会实践的含义和特点

（一）高校社会实践的含义

高校社会实践是高校按照高等学校人才培养目标的要求，有计划、有目的、有组织地引导学生深入社会，积极参与社会政治、经济和文化生活，以了解社会，增长知识技能，培养学生正确的世界观、人生观和价值观的实践活动过程。高校社会实践作为我国高等教育的一项重要的教育形式，是新形势下高校思想政治教育的延伸，是培养具有创新精神和实践能力人才的重要途径之一。

高校社会实践有广义和狭义之分。广义的高校社会实践是相对于理论学习以外的各种实践环节，既包括与生产劳动相结合的实践活动，又包括与课堂教学相结合的实践活动，如生产实习、毕业实习等。狭义的高校社会实践是指教学计划以外的，与课堂教学相结合的各种实践活动，如社会调查、社会服务等。本书主

① 杨进明. 马克思主义劳动价值论深化研究[M]. 银川：宁夏人民出版社，2020.

要研究狭义的高校社会实践。

高校社会实践的含义主要表现在两个方面：第一，高校社会实践是一种教育活动。人类实践活动的形式是多种多样的，教育活动只是其中的一种形式。高校社会实践作为高等教育的重要组成部分，立足于实现高等教育的人才培养目标，力求做到学校教育和社会教育相结合、理论与实践相结合，使大学生在实践锻炼中受到教育，从而促进大学生身心的全面发展。第二，高校社会实践是一项实践活动。高校社会实践是以学生为主体、以学校为载体、以社会为舞台的一项实践活动，是在社会主义市场经济建设与高等教育事业协调发展的客观要求的基础上发展起来的，需要社会各界的高度重视和共同参与。

根据高校社会实践的含义，可以看出，高校社会实践应当包括两个过程：第一，实践活动的过程，即大学生积极参与社会实践、向社会学习的过程，同时是大学生初步尝试转换社会角色的过程。第二，社会化的过程，即大学生在社会实践过程中对社会施加影响的过程，同时是大学生角色社会化的过程。这里要强调的是，在高校社会实践的过程中，大学生实现了个体角色向社会角色的转化，使自我价值和社会价值得到了体现和升华。高校社会实践的这两个过程应该是相辅相成、相互促进的。

（二）高校社会实践的特点

1. 实践性

哲学意义上的实践是指人类有意识、有目的、能动地改造现实世界的一切客观性物质活动。实践是认识的源泉，是认识发展的动力，是检验认识真理的唯一标准，是认识的最终目的。没有实践，思维的发展就失去了动力，就不会有创造性的思维。高校社会实践正是借助实践对认识的决定性作用来实现其在人才培养中的重要作用的。大学生在社会实践中接触社会，通过亲身参与各种实践活动来了解社会，在实践中验证理论、运用理论，深化对理论的认识，增长才干，服务社会，在改造客观世界的同时改造自己的主观世界，塑造自身的人格，提高自身的综合素质和创新能力，实现全面发展。大学生参加的专业实习、调查研究、勤工助学、社团活动、志愿者活动等都具有较强的实践性，使其在实践中实现检验认识真理的目的，达到理论与实践的统一。

2. 教育性

高校社会实践能够结合大学生的思想实际和客观要求，引导大学生践行社会主义核心价值观，即开展马克思主义指导思想、中国特色社会主义共同理想、以爱国主义为核心的民族精神和以改革创新为核心的时代精神、社会主义荣辱观教育，充分发挥社会主义核心价值观在高校社会实践中的价值导向作用。在社会实践中，高校有目的、有组织、有计划地让大学生走出校园，深入社会，进行社会调查和社会服务等活动，实现社会生活、社会实践与思想政治教育工作的有机结合。这是新形势下加强大学生思想政治教育的有效途径，也是提高大学生思想政治素质和思想道德素质最直接、最生动的形式。当前，在全面建成小康社会、实现中华民族伟大复兴的中国梦的进程中，以社会主义核心价值观为指导，为防止拜金主义、形式主义、享乐主义、实用主义等思想对大学生的毒害，强化高校社会实践的育人功能、自觉培育和践行社会主义核心价值观都具有重要的现实意义。

3. 主体性

马克思主义认为，人的主体性是人作为主体在与客体相互作用中所展现出来的特殊的质的规定性，也就是人在实践过程中表现出来的能力、作用、地位，即人的自主性、主动性和能动性。人是世界的中心，人的这种地位决定了在人与万物的关系中人是作为主体而存在的。而哲学作为探寻人的存在根据的学问，自然要从人作为主体的性质出发来认识人与世界的关系。所以，主体和主体性的问题是哲学研究的最核心的问题之一。大学生在社会实践中展现出来的主体性是指其通过社会实践展示自己的思想、行为，培养创新能力，满足自身成才和充分发展等方面的需要。从社会实践来讲，大学生是社会实践的主体，在社会实践中，他们面对一个相对开放的环境和较少约束的世界，能够充分发挥其在社会实践过程中的主观能动性，最大限度地提高社会实践的效果。在社会实践中，大学生将运用所学的专业理论知识指导自己的实践，在解决现实生活中遇到的思想行为问题的过程中提高自己的思想政治素质和道德素质，这就充分发挥了大学生作为客体的主动性。与此同时，在社会实践中，大学生积极宣传党的路线、方针、政策，学习和践行社会主义核心价值观，增强对中国特色社会主义的道路自信、理论自信、制度自信、文化自信，注重将主体与客体统一于自身的发展，实现了自我教育、自我管理、自我完善。

4. 创造性

一般认为创造性是指个体产生新奇独特的、有社会价值的产品的能力或特性，故也称为创造力。新奇独特意味着能别出心裁地做出前人未曾做过的事，有社会价值意味着创造的结果或产品具有实用价值或学术价值、道德价值、审美价值等。

创造性有两种表现形式：一是发明；二是发现。发明是制造新事物，如英国发明家詹姆斯·瓦特（James Watt）改良蒸汽机、中国古代发明家鲁班发明锯子等。发现是找出本来就存在但尚未被人了解的事物和规律，如俄国著名科学家德米特里·门捷列夫（Dmitri Mendeleev）发现元素周期律、马克思发现剩余价值规律等。创造性由创造性意识、创造性思维和创造性活动三部分组成。在创造性的组成部分中，创造性思维是其核心。创造性思维又包含聚合思维和发散思维，发散思维是创造性思维的核心，它与创造性思维关系最为密切。发散思维表现在行为上，即代表个人的创造性。大学生参加社会实践，一般都处于半社会化的状态。他们面对的是不断变化的新环境，由此必然会产生新的矛盾和问题。这些新的矛盾和问题完全靠书本知识或学校经验是不能够解决的。这就需要大学生将在学校所学的专业理论知识运用于社会实践，充分发挥自己的主观能动性，创造性地提出解决矛盾和问题的新方法。因此，大学生在社会实践的过程中锻炼了创造性思维，积累了丰富的社会经验，培养了自己的创新精神和创新能力，为今后走向社会、进行创造性的工作奠定了坚实的基础。

二、高校社会实践在“全程育人”中的意义与作用

高校社会实践是课堂教学的延伸，是培养学生合作精神、社会责任感、社会适应力的一项重要举措。学校通过指导教师的精心组织、充分准备及系统训练，让大学生积极参与各种各样的社会实践，使大学生认识社会、了解国情、拓宽视野、丰富自我和改善知识，弥补学校理论教育的空缺与不足。因此，高校社会实践对大学生的身心健康发展具有重要作用。

（一）高校社会实践在“全程育人”中的意义

大学生是国家宝贵的人才资源，是国家建设的有生力量。社会实践是大学生成长成才的重要途径。知识源于实践，能力源于实践，素质更需要在实践中养成。因此，社会实践是高校实践教学的重要组成部分，对于提高大学生的思想政治素质、培养创新精神和实践能力具有十分重要的意义。

1. 提高大学生的社会适应能力

大学生参加社会实践，既是提高人才培养质量、促进大学生健康成长的需要，也是保持经济社会持续稳定发展的需要，同时是提高大学生的实践能力、社会适应能力、创业能力、创新能力的重要途径。参加社会实践，有利于大学生了解社会，认识国情，开阔视野，增长才干，养成理论联系实际的良好学风；有利于大

学生磨炼意志，陶冶情操，树立正确的世界观、人生观和价值观。社会实践能够促使大学生正确认识自我，保持良好心态，提高社会适应能力。通过社会实践，大学生能够掌握必要的进入社会角色的知识和技能，为自身从学校走向社会打下必要而良好的基础，进而投身社会、服务人民，实现自己的人生价值。在社会实践中，大学生走进社会、了解社会，熟悉社情民情，在广阔的社会中学习知识、锻炼技能，培养各种各样的能力，掌握各种社会规范，从而认识到理想中的自我和现实中的自我的差距，进而正确地进行自我设计、自我改造、自我调整，以满足各种社会环境和社会关系的要求，不断发展自我、完善自我。学生在实践过程中经过观察、分析、思考等环节，能够学会辨别真与假、美与丑、善与恶、好与坏等社会现象，从而体会人生的真谛。

2. 培养大学生的独立生活能力

独立生活能力是一个人过正常生活必须具备的最基本能力，它包括对艰苦环境的适应能力和面临挫折时摆脱困境的应变能力。独立生活能力关系到一个人一生的发展和成功，从对他人的依赖到独立生活，这是大学生人生发展的必然趋势和结果，也是健康、成熟的具体体现。一个人独立生活能力的强弱是其品德、智力、技能、体力、意志和吃苦耐劳精神等素质的综合反映。学生的独立生活能力越强，其社会化能力就越强，学生也就越容易融入社会生活。高校社会实践是培养大学生独立生活能力的重要途径，也是培养和提升大学生综合素质的重要方式。大学生长期生活在校园环境中，较少接触社会生活，对社会生活既不了解也不熟悉，缺乏相应的社会生活经历和独立生活能力。通过不同形式、内容的社会实践，大学生能够认识到自己的优缺点，就会发挥优点，改正缺点，在与他人的相处和比较中不断调整自己、提高自己、丰富自己。另外，通过社会实践，大学生走出课堂、走进社会，不仅巩固和掌握了课堂所学知识，实现了知识到能力的转化，而且通过知识的运用提高了自身独立分析问题、解决问题的能力。

3. 促进大学生的社会交往能力

社会交往能力是指能觉察他人情绪意向，有效地理解他人和善于同他人交际的能力。

社会交往能力强的人往往能成为成功的领导者、政治家、外交家、心理咨询人员、公关人员、推销员和行政工作人员等。从本质上说，人是各种社会关系的总和。人从一生下来就既是一个生物的人，又是一个社会的人，他被包围在各种社会群体、媒介和关系之中，与多方面的接触者发生着联系，在不断的交往活动中吸收、形成着各种社会文化知识，发展着自己的能力、语言、情感、社会行为、道德规范、交往经验、人际关系和品性人格等。人的社会性、个性是在社会交往过程中形成的。只有在与人交往、相互作用的过程中，人才能逐步提高自身的心理能力和社会交往能力。交往是人们社会生活的基本活动方式。大学生走出校园特定的环境，深入社会，深入基层，开展丰富多彩的社会实践活动，主动与不同职业、不同文化程度的人群接触和交往，接触不同的社会层面，扩大交际范围，从而逐渐了解和掌握各种社会信息，拓宽社会视野，积累社会经验和生活阅历。

（二）高校社会实践在“全程育人”中的作用

高校社会实践的功能是社会实践系统内部诸要素之间以及系统与环境之间相互作用时所产生的结果。社会实践系统内部诸要素包括社会实践的主体、社会实践的客体、社会实践的目的、社会实践的内容和社会实践的方法等。社会实践系统外部环境主要包括自然界、政治、经济、文化等要素。目前，在全面深化改革和全面建成小康社会的历史进程中，高校加强对社会实践的管理和引导，对和谐社会的构建和学生的全面发展都具有重要的功能。

1. 促进个性发展

由于个性是一种较复杂的心理现象，又由于个性心理学作为一门学科历史还较短，到目前为止个性还没有一个统一的、为广大研究者共同接受的明确定义。目前，心理学界一般认为美国心理学家高尔顿·威拉德·阿尔波特（Gordon Willard Allport）给个性下的定义比较全面地概括了个性研究的各个方面。“个性”的内涵非常丰富，是人们的心理倾向、心理过程、心理特征以及心理状态等综合的心理结构。个性倾向性是指决定一个人的态度、行为和积极性的选择性的动力系统。个性倾向性决定着人对现实的态度，决定着人对认识活动对象的趋向和选择。个性倾向性主要包括需要、动机、兴趣、理想、信念和世界观。它较少受生理、遗传等先天因素的影响，主要是在后天的培养和社会化过程中形成的。个性倾向性中的各个成分并非孤立存在的，而是互相联系、互相影响和互相制约的。其中，需要又是个性倾向性乃至整个个性积极性的源泉，只有在需要的推动下，个性才能形成和发展。动机、兴趣和信念等都是需要的表现形式。而世界观居于最高指导地位，它指引和制约着人的思想倾向和整个心理面貌，是人的言行的总动力和总动机。由此可见，个性倾向性是以人的需要为基础、以世界观为指导的动力系统。人人都有个性，人人的个性都各不相同。正是这些具有千差万别个性的人，推动着历史的前进和时代的发展与变迁。

培养学生良好的个性，提升学生的人格，促进学生良好个性品质的形成与发展，一直是教育工作者不断努力追求的教育理想和目标。个性教育包含确立远大的人生理想、锻炼良好的社会适应能力、接触各种事物和现象、发现社会发展的主流、保持积极的生活态度等，这些方面都能在高校社会实践中得到培养和发展。社会实践作为培养大学生社会适应能力的重要方法，能增强学生发现问题、研究问题与解决问题的能力，改进其脱离实际的思维方式和行为。各种形式的社会实践能使大学生进一步了解社会、增强社会责任感和社会适应力、提高综合素质和促进个性发展。高校社会实践为学生个性发展提供了一种强大的精神内驱力和实践动力，为学生主动接触社会提供了一个有效的平台。在社会实践过程中，大学生深入基层、深入生活，以一种开放的态度主动关心社会、了解社会、服务社会，实现自身的价值。通过社会实践，学生能够提高自己的综合素质、实践能力，培养良好的个性特征，把握自己的优势与劣势，初步体验到个体社会化的过程，从而顺利地完成社会角色的转变。

2. 促进教育

高校社会实践的教育功能是指通过社会实践对大学生的思想政治素质和道德素质的形成所起的作用。具体地分析，也就是在社会实践过程中，高校教育者应用一定的思想政治观点和道德规范，对大学生进行有组织、有目的、有计划的教育和影响，使他们通过积极参与社会实践，提高思想政治素质和道德素质。社会实践的教育功能是高校社会实践的一条主线，始终贯穿于社会实践的全过程之中，发挥着导向、激励、凝聚等作用。社会实践的教育功能主要表现在以下几个方面。

（1）导向作用

高校通过社会实践使大学生受到深刻的教育，发挥着社会实践教育功能所具有的导向作用，这样自始至终把高校社会实践引向高校教育者所要求的方向，并使社会实践产生教育者所期望的教育效果。高校社会实践的教育功能好比大海中的灯塔，始终指引着大学生朝着既定的方向前进，为其社会实践活动的顺利进行提供条件和保证，并指引着社会实践达到预期的目的和效果，尤其是在当前经济全球化、价值多元化的时代条件下，这一作用具有重要价值。

（2）激励作用

激励是关于如何满足人的各种需要、调动人的积极性的原则和方法的概括总结。激励的目的在于激发人的正确行为动机，调动人的积极性和创造性，以充分发挥人的智力效应，取得激励者所期望的结果。高校社会实践的教育功能所表现出来的激励作用主要表现在：一方面，这种激励作用能够调动大学生的潜在能力，为实现社会实践的目标而尽心尽力，从而使大学生在社会实践中创造出最佳成绩；另一方面，这种激励作用能够使大学生通过实现社会实践目标产生成就感和满意感，从而激发他们为实现社会实践新目标而努力奋斗的内在动力。

（3）凝聚作用

高校社会实践的教育功能所表现出来的凝聚作用，是指社会实践能够将高校教师和大学生团结起来，使其齐心协力地为实现社会实践目标而采取一致的行动。高校社会实践的凝聚作用，是成功开展高校社会实践和实现目标的重要保证，如果没有凝聚作用，社会实践将会是一盘散沙，其活动目标也不能得以实现，从而失去了社会实践所具有的教育功能的意义。

3. 促进社会化

社会化是人类特有的行为，人只有在社会中才能实现社会化。社会化就是由自然人到社会人的转变过程，每个人必须经过社会化才能使外在于自己的社会行为规范、准则内化为自己的行为标准。人的社会化是指人接受社会文化的过程，即自然人（或生物人）成长为社会人的过程。从文化的角度来看，人的社会化是文化延续和传递的过程，个体社会化的实质是社会文化的内化。著名美国社会学家威廉·菲尔丁·奥格本（William Fielding Ogburn）对社会现象中的文化因素进行了深入探讨，他认为人的社会化过程就是个人接受世代积累的文化遗产，保持社会文化的传递和社会生活的延续。这种观点反映了人的社会化在文化延续中的重要性。从社会的角度来看，人的社会化过程不仅是个体融入社会的过程，也是推动社会进步的过程。也就是说，在人全面发展的同时推动了社会结构的发展与完善，进而促进了社会的进步。美国社会学家塔尔科特·帕森斯（Talcott Parsons）认为，社会没有必要把人性陶冶得完全符合自己的要求，而只需使人们知道社会对不同角色的具体要求就可以了。他认为角色学习过程即社会化过程。在这个过程中，个人逐渐了解自己在群体或社会结构中的地位，领悟并遵从群体和社会对自己的角色期待，学会如何顺利地完成角色义务，其功能在于维持和发展社会结构。人的社会化过程有赖于个体与社会的相互作用，有赖于个人生理上的禀赋与社会环境的充分接触，有赖于个体主动参与的社会实践活动。如果一个人从小与社会生活隔离，脱离社会实践，即使他具有个体社会化的自然基础，具有健全的神经系统，也不能实现人的社会化。①

① 帕森斯．社会行动的结构[M]. 张明德，夏遇南，彭刚，译．南京：译林出版社，2012.

对大学生而言，社会实践有利于推进大学生的社会化进程。大学生拥有良好的专业技术优势，但由于学校单纯的学术环境的限制，他们对社会的了解不够全面。社会实践能使他们清醒地看到自己的缺点和不足，从而重新调整自己、完善自己，实现理想与实际、理论与实践、自身与社会的统一，尽快成为一个具有独立个性的人。大学生能通过社会实践提高人际交往能力、独立生活能力和处理复杂问题的能力，以便做好从学习角色到工作角色的转变，实现由自然人到社会人的转化。长期的校园生活使大学生对社会缺乏完整的、深刻的认识，比较容易形成认知的片面性和思维的局限性，常常用浪漫主义和理想主义的眼光看待社会和人生，使自身社会化的进程受阻。通过社会实践，大学生可以提高对社会认知的正确度，走出学校这个相对狭窄的空间，投入真实的生活和工作，为自身将来的独立生活和发展做好准备，尽早实现从自然人（或生物人）向社会人的转化。

第三节　“全程育人”与高校学生科研

一、高校学生科研概述

高校学生科研通过培养学生的探索精神、科学思维和创新能力，提高学生的实践能力和综合素质。高校学生科研的途径包括课题研究、科研竞赛、科研项目等，而它的意义则是多方面的。

通过参与科研，学生能够深入了解所学专业领域的前沿知识和研究动态，拓宽自己的学术视野。在科研过程中，他们需要进行文献查阅、实验设计、数据分析等工作，这些经历有助于提升其学术能力和专业素养。

高校学生科研有助于培养学生的创新精神和实践能力。科学研究是一项需要创新思维和实践能力的任务，通过积极参与科研，学生能够培养自身解决问题的能力、团队合作的能力和创新思维的能力。这些能力对于学生未来的职业发展和个人成长都具有重要意义。

高校学生科研可以提高学生的综合素质。科研活动需要学生具备扎实的理论基础和良好的实践操作能力，同时需要具备良好的组织协调能力、沟通表达能力和文献写作能力。通过参与科研，学生能够在实践中不断提高自己的综合素质，为将来的工作和学习打下坚实基础。

高校学生科研还有助于提升学校的科学研究水平。学生是学校科研团队中不可或缺的一部分，他们的参与能够为科研团队带来新鲜的思路和活力。同时，学生科研成果的产出也能够丰富学校的科研成果库，提高学校的学术声誉和影响力。

二、高校学生科研的“全程育人”建设意义

（一）为学生提供全面发展的机会

通过参与科研项目，学生能够接触到真实的科学问题，了解科学研究的方法和流程，培养综合分析和解决问题的能力。此外，科研活动还能够培养学生的创新精神和实践能力，帮助他们更好地应对未来的挑战。

（二）促进学生的专业发展

在深入参与科研项目的过程中，学生能够更好地了解自己所学专业的前沿知识和研究方向，提高对学科的理解和把握程度。科研活动还为学生提供了展示自己才华和能力的平台，有利于培养学生的学术自信心和学术追求，并为其将来的学术生涯奠定坚实的基础。

（三）加强学生的团队协作和社会交往能力

学生在科研项目中必然需要与导师、同学以及其他研究人员密切合作，共同解决科学问题。通过参与团队合作，学生可以学会有效地沟通、协调和合作，培养团队精神和集体意识。此外，科研活动还为学生提供了与国内外知名学者和专家进行交流的机会，拓宽了学生的学术视野，增强了其国际交流与合作能力。

（四）提高学生的综合素质和实践能力

学生为了顺利进行科研项目，需要开展各种形式的实地调查研究、数据分析和实验操作等工作，从而提高自己的实践动手能力和科学思维能力。科研活动还能培养学生的创新意识和创新能力，鼓励他们发现问题、解决问题和创造新知。

（五）激发学生形成职业规划

通过参与科研项目，学生能够更加深入地了解自己所学专业的特点和前景，并逐渐形成自己的职业规划和发展目标。科研活动还能够培养学生对科学事业的热爱和追求，激发他们为科学进步和社会发展做出贡献的热情。

三、高校学生科研的“全程育人”建设途径

（一）提供机会和平台

在通过科研项目促进“全程育人”的过程中，高校应该为学生提供科研机会和平台，如设立科研项目、实验室、科技创新基地等。这些机会和平台应该面向所有学生开放，不限制专业和年级，鼓励学生主动参与。

（二）导师指导和支持

高校应该为学生科研工作配置优秀的导师团队，选择具有丰富的科研经验和较高的指导能力的教师引导学生进行科研工作。导师应该对学生进行全程的指导和支持，包括选题、研究方法、实验设计、数据分析等方面的指导。

（三）培养科研素养

高校应该加强对学生科研素养的培养，包括科研伦理、学术规范、文献检索和阅读、科学写作等方面的培训。这样可以帮助学生掌握科学研究的基本知识和技能，提高其科研水平和学术素养。

（四）鼓励跨学科合作

校方可以鼓励不同专业的学生组成跨学科的科研团队，开展合作研究。跨学科合作可以促进知识的交流和融合，培养学生的综合素质和创新能力。

第五章　基于“全方位育人”的教育探索

本章为基于“全方位育人”的教育探索，包括三方面内容：学生全面发展研究、基于“全方位育人”的大学生职业教育、基于“全方位育人”的高校党建工作。

第一节　学生全面发展研究

一、全面发展的相关概念

（一）全面发展概述

全面发展的出现主要与素质教育息息相关。学生的课业紧张，面临着各种各样的学习压力。各科课业任务让很多学生深陷书本与题海，除了书本里的知识外，外界信息的流入较少。不过随着我国教育的发展，以全面为代名词的素质教育不断被人们提及，对素质教育和全面发展的呼唤已经遍及教育领域的各个层面，从高等学府的教授到普及义务教育的中小学教师，都认为全面发展对学生是十分重要且必要的。

全面发展即人的全面发展，指人的体力和智力的充分发展，又指人在德、智、体、美、劳各方面的和谐发展，与片面发展、畸形发展相对。人类很早就萌芽了对人的完美、和谐发展的追求，但直到 19 世纪，马克思和恩格斯才在继承和发展前人思想的基础上，首先对这一问题做了科学的历史分析，指出人的发展与社会发展的一致性，强调人的全面发展只有在合理的社会制度下才能完全彻底地实现，造就全面发展的人的唯一方法是教育与生产劳动相结合。全面发展是历史的发展概念，其程度随着社会发展水平和各种具体条件的不同而不同。社会全体成员的全面发展在整个共产主义运动的实践过程中逐步实现。

（二）对全面发展学习理念的理解

从马克思主义的经典著作来看，所谓人的全面发展，就是人的社会关系的全面发展。它有两个层面的含义：就整个人类社会而言，人的全面发展实质上就是人类社会从必然王国向自由王国的过渡，它强调的是人的社会化程度，即整个人类社会在经济、政治、文化各方面的全面发展，社会物质文明和精神文明高度而又协调地发展。就作为个体的人而言，强调的是人在各方面的全面发展，物质生活和精神生活全面而协调地发展，世界观、人生观、价值观的全面发展，身体素质和心理素质的全面发展，人格、智力、能力、体力和创造力的全面发展等。

半个世纪来，“全面发展”一直写在我们的教育方针上，它的不变性、一贯性表明了其生命力。然而，教育方针的确定性，并不妨碍教育思想的活跃性。事实上，这一方针虽然基本未变，却并非丝毫未变。教育思想的活跃对方针的完善和理解都有积极的作用。教育方针的确定并非教育思想的静止，就像一部经典的文本一直被解读着，文本未变，而在不同的解读者看来，它的结构和形象并不是完全相同的，甚至同一解读者在不同时候看到的同一文本的形象也可能发生变化。

对于马克思、恩格斯的全面发展学说一直有着不同的理解。基本的理解有两种：一种为“德智体全面发展说”；另一种为“能力全面发展说”。我们仍然可以认为，这是对同一文本的不同解读。

已有研究者指出，马克思关于人的全面发展都指“能力的发展”。而马克思关于能力的全面发展即“体力和脑力的发展”。体力和脑力的发展当然构成了发展的基本方面。

可是，一说到能力，就大半如某些诠释那样仅指智力的范畴。其实，若如《心理学大词典》那样将能力视为“人们成功地完成某种活动必需的个性心理特性”，那么，能力也不一定只属于智力范畴。善解人意，与人为善，这种善当然也是能力，却不完全是智力，准确地说，此乃道德智慧的范畴。所以，能力的发展（个性发展的重要内容）应当是理性智慧、实践智慧、道德智慧等基本方面的协调发展。

在我们的教育实践中，在全面发展方针的贯彻中所表现出来的问题，与其说是没有充分注意方方面面或一切方面，不如说是没有充分注意一些基本方面。

人的基本方面，从大的方面说就是生理方面和心理方面。在心理方面，基本的应是认知心理的发展和非认知心理的发展，比较普遍的问题是对非认知心理发展的忽视，而非认知心理发展对人的全面发展，乃至对认知方面的发展都极具重要性。

当把全面发展的实质理解为个性发展时，亦便于我们对道德教育有更确切的理解。从个性发展来看待德育，道德发展应当包含道德认知、道德情感、道德意志、道德行为等基本方面的协调发展，而不能将德育仅仅理解为道德认知问题（眼下德育实践中的症结之一）。

当然，可以说全面发展中的一些基本方面就是德、智、体、美、劳。可是，正是对个性发展的理解能够帮助我们看清这些基本方面的关联与交叉，看清楚它们的具体内容和表现形式，从而让我们从一个立体的角度更好地透视全面发展。

个性不一定导致创造，没有个性发展则是肯定没有创造的。个性的不充分发展很难走向创造，个性的充分发展是走向创造的必由之路。把全面发展理解为平均发展、方方面面的平平发展，是远离了创造教育，把全面发展理解为个性发展则更靠近了创造教育。

二、全面发展与“全方位育人”

“学生全面发展”和“全方位育人”是紧密相关的概念，它们强调了教育的综合性和全面性。“学生全面发展”强调的是培养学生在各个方面的能力和素质，包括知识、智力、身体、艺术、情感、道德等多个层面。这意味着教育要关注学生全面的成长和发展，不仅注重学科知识的传授，还要关注对学生综合素质的培养。显然，这一教育目标离不开“全方位育人”的协助，即通过教育的全面性和多角度性培养学生的能力。“全方位育人”涵盖学校、家庭和社会等多个方面，强调教育要贯穿学生日常的各个环境和各个领域，培养学生的多元智能、创新精神、实践能力、社交技巧等。

因此，可以说，“学生全面发展”是“全方位育人”目标的一部分，而“全方位育人”更加广泛地涵盖了“学生全面发展”的概念，要求教育充分关注学生在各个方面的全面发展。

（一）学科知识与学习能力

1. 多学科交叉融合

“全方位育人”鼓励学科之间的交叉融合，帮助学生在各个学科之间建立联系和综合应用。例如，在学习科学的同时，引入数学和实验技巧，让学生在实践中学习和运用多个学科的知识和技能。

2. 探究式学习

“全方位育人”倡导探究式学习，鼓励学生主动提出问题、开展研究和实践活动。这种学习方式培养了学生的自主学习能力、问题解决能力和创新思维，使他们不是被动地接受知识，而是积极探索、主动构建知识体系。

3. 实践与应用

“全方位育人”强调将学科知识与实际应用相结合。学生通过实践性的学习活动、案例研究、实地考察等方式，将学到的知识应用到实际问题中，培养他们的实际操作能力和解决实际问题的能力。

4. 反思与批判

“全方位育人”鼓励学生进行反思和批判，不仅是记住和接受所学的知识，还要思考其意义、局限性和应用范围。通过培养学生的批判思维，他们可以更好地理解学科的本质、发展趋势和社会影响。

（二）综合素质与技能培养

1. 学科素养的培养

“全方位育人”注重学科知识的广度和深度，使学生在各个学科领域都能获得扎实的知识基础。这有助于提高学生的学科素养，使他们能够熟练掌握学科核心概念、理论和方法，并能够应用到实际问题中。

2. 创新思维的培养

“全方位育人”强调培养学生的创新思维能力。通过开展创造性和探索性的学习活动，鼓励学生自主提出问题、尝试新的解决方法和构建新的知识体系。这种培养方式有助于激发学生的创造力和创新精神，使他们具备解决问题和面对挑战的能力。

3. 社交与合作能力的培养

“全方位育人”鼓励学生进行合作学习和团队活动，培养他们的社交与合作能力。学生通过与他人合作、交流和协作，可以培养自身有效沟通、团队合作和解决冲突的能力。这样的培养有助于提高学生的人际交往能力和团队合作精神。

4. 实践能力的培养

“全方位育人”强调实践与应用，要求学生将所学知识应用到实际生活中。通过实践性的学习活动、实验、实地考察等，学生能够锻炼自己的实践能力和应用能力。这种培养有助于学生将理论知识转化为实际操作能力，并培养他们解决实际问题的能力。

5. 综合评价的培养

“全方位育人”注重对学生综合素质的评价，强调评价指标的多样性和综合性。除了传统的考试评价，还包括项目作业、口头报告、实践表现等多种评价手段。这有助于促使学生全面发展各方面素质和技能，不仅注重知识掌握，也关注对学生的批判思维、创新能力、团队合作等综合素质的培养。

（三）艺术与文化修养

1. 艺术教育的强化

“全方位育人”将艺术教育作为重要组成部分，注重培养学生对艺术的欣赏和表达能力。通过对音乐、美术、舞蹈、戏剧等艺术形式的学习和实践，学生可以感受和体验艺术的魅力，培养审美情趣和创造力。

2. 文化传统的传承

“全方位育人”重视文化传统的传承和弘扬。通过学习文学、历史、哲学等人文科学，学生能够了解和尊重自己国家的文化传统，培养对传统文化的热爱和保护意识。同时，学生也可以通过学习其他国家和地区的文化，提升自身的跨文化交流与理解能力。

3. 艺术与文化活动

“全方位育人”鼓励学生参与各种艺术和文化活动，如音乐会、戏剧演出、美术展览、书法比赛等。这样的活动为学生提供了展示自己才华和创造力的机会，激发了学生对艺术的兴趣和热爱，提高了他们的艺术与文化修养。

第二节　基于“全方位育人”的大学生职业教育

一、职业教育概述

（一）职业教育的定义

职业教育发展到21世纪的今天，被界定为在一定普通教育的基础上，对社会各种职业、各种岗位所需要的就业者和从业者进行的职业知识、技能和态度的职前教育和职后培训，使其成为具有高尚的职业道德、严明的职业纪律、宽广的职业知识和熟练的职业技能的劳动者，从而适应就业的个人要求和客观的岗位需要，推动生产力的发展。从职业教育的实践角度来看，可以从广义和狭义两个方面来理解：从广义上说，职业教育泛指一切增进人们的职业知识和技能，培养人们的职业态度，使人们能顺利从事某种职业的教育活动；从狭义上说，职业教育是指学校职业教育，即学校对学生进行的一种有目的、有计划、有组织的教育活动，使学生获得一定的职业知识、技能和态度，以便为学生将来从事某种职业做准备。

职业教育的实践不断促进职业教育领域的扩展。我国的职业教育包括职业学校教育和职业培训。从纵向看，职业学校教育包括初、中、高三个层次。其中，初等职业教育有职业初中、初中后的“3 + 1”等；中等职业教育有中专、技校、职业高中及成人中专；高等职业教育有职业大学、职业技术学院、高等技术专科学校、成人高校、高级技工学校以及普通高等学校中设置的二级学院——职业技术学院。从横向看，职业学校教育包括农业职业教育、工业职业教育、商业职业教育、金融财贸职业教育、政法职业教育、服务职业教育，以及卫生、艺术、体育等方面的职业教育。职业培训包括就业培训、转业培训、提高培训等。

（二）职业教育的培养目标

职业教育培养目标是一定社会生产力发展水平对一定层次、一定规格人才需求的一种主动反映，在形式上它又是某一类型学校的办学性质与教学任务的集中体现。因此，在确定职业教育培养目标的过程中，必须认真分析、研究对培养目标起着制约和影响作用的种种因素，尤其是国家相关政策、社会经济、产业结构以及人才使用等方面的因素，这些因素直接或间接地影响着职业教育培养目标的确定。笔者认为，设计一个科学合理的培养目标体系应该遵循党和国家的法律及教育政策，符合学制、学历及国家职业分类与职业技术等级标准，满足社会经济形态及产业结构发展的需要、受教育者个体发展的需要。

社会经济形态的拓展要求职业教育注重培养学生的创业能力和竞争意识，社会产业结构的调整要求各级各类职业教育的人才培养目标与社会人才需求相适应，经济全球化的发展趋势要求各级各类职业学校培养大量“本土化”“外向型”的中、高级技术应用型人才，促使各级各类职业教育在人才培养过程中更多地关注受教育者的创业能力与竞争意识，对直接面向社会生产第一线培养中、高级技术应用型人才的各级各类职业学校培养目标的确定产生了直接影响。

二、大学生职业教育中的“全方位育人”

（一）“全方位育人”内涵解析

“全方位育人”是在中国高等教育由精英教育向大众教育、规模化发展向内涵式发展、教育大国向教育现代化强国转变的过程中提出的全新教育理念，通过采取"五育"（德育、智育、体育、美育、劳育）并举的方法，实现其教育目标。"全方位育人"的核心在"全"上，其丰富内涵至少应该从三个方面进行诠释。首先，"全方位育人"在育人内容上是全方位的。学校不仅要对学生进行思想政治教育（德育），还要对学生进行智育、体育、美育、劳育等教育，不能只顾其一不顾其他。其次，"全方位育人"在育人途径上是全方位的。既注重发挥第一课堂的主渠道作用，又要抓好第二课堂（实践课堂）和第三课堂（网络育人课堂）建设，既建设好思政"小课堂"又发挥好社会"大课堂"的作用，实现三个课堂联动育人。最后，"全方位育人"在育人主体上是全方位的。就学校范围而言，育人主体既包括思政课和专业课教师，又包括学校全体教职员工和各部门、处室的管理者。

1. 育人内容

"全方位育人"至少包含德、智、体、美、劳五个方面。德育是办好中国特色社会主义大学和实现为党育人的根本要求，通过对学生进行思想上、政治上、道德上、法律上和心理上的教育引导，从而使学生树立正确的世界观、人生观和价值观；智育是育人的基本目标，通过知识讲授、技能传递使学生掌握一定的科学文化知识并具备一定技能，从而把学生培养成高素质技术技能人才；体育是实现德育、智育、美育、劳育的基础，没有健康的身体，其他育人目标很难实现；美育是通过美学素养教育，培养学生欣赏美、创造美的能力；劳育是通过劳动课程和劳动实践，帮助学生树立正确的劳动观和劳动态度并形成良好的劳动习惯，从而实现以劳树德、以劳增智、以劳健体、以劳育美。"五育"作为一个相互联系、不可分割的整体，构成了"全方位育人"的基本内容。在教育实施过程中，应统筹考虑德育、智育、体育、美育、劳育，将其纳入人才培养方案，制定科学的课程标准，统筹推进实施。

2. 育人途径

"全方位育人"就是要充分发挥第一课堂（知识课堂）、第二课堂（实践课堂）、第三课堂（网络育人课堂）的协同作用，推动思政"小课堂"与社会"大课堂"相衔接、线下教育与线上教育相融合，对学生进行"不断线""无死角"的全方位教育。第一课堂和第二课堂是传统教育模式下的两个主要阵地，随着教育现代化和教育社会化的发展，借助网络平台开展思想政治教育日益盛行，网络已经成为第一课堂和第二课堂的有益补充。将"小课堂"与"大课堂"相衔接、线下教育与线上教育相融合，增强了育人实效、育人吸引力和亲和力。“全方位育人”能够充分发挥第一课堂、第二课堂和第三课堂的各自优势，从而实现对学生进行“不断线”“无死角”的全方位教育。

3．育人主体

“全方位育人”就是要充分发挥社会、政府、家庭、行业企业、学校、教师的协同育人作用，实现为党育人、为国育才的目的。“全方位育人”的主体应该从宏观、中观、微观三个维度来解释。从宏观的维度来看，“全方位育人”主体主要指社会层面，如社会环境、社会制度、社会价值观等，这些都对人才培养有着重要影响。从中观的维度来看，“全方位育人”主体主要指政府、家庭、学校、行业企业等，这些行为主体在育人过程中发挥着不可替代的作用。从微观的维度来看，“全方位育人”主体主要指专业教师和除专业教师以外的其他教职员工，其他教职员工通过制定学校的规章制度、营造良好的校园文化氛围，同专业教师一起在育人过程中发挥着关键性的作用。

（二）职业教育“全方位育人”的实现路径

1．树立“全方位育人”教育理念

“全方位育人”目标的达成首先要树立“全方位育人”教育理念，要提高政治站位，站在为党育人、为国育才的高度，明确育人目标，统筹推进“全方位育人”理论探索和实践创新。加强政治引领，扎实推进习近平新时代中国特色社会主义思想“三进”（进教材、进课堂、进头脑）工作。有效利用重大活动、开学典礼、毕业典礼、重大纪念日、主题党团日等契机和爱国主义教育基地开展爱国主义教育，厚植爱国主义情怀。加强学习，现阶段尤其要加强对中央和教育部相关教育政策的学习，深刻领会政策文件的精神实质，深刻理解“全方位育人”的内涵，在学懂弄通的基础上，推进“全方位育人”在实践中取得预期效果。坚持“五育”并举、协调推进，以立德树人为根本，充分发挥“五育”的育人价值，让德育铸魂、智育提质、体育融合、美育熏陶、劳育促进的教育方法转化为推动学校高质量发展和“全方位育人”的实践追求。

2．构建“全方位育人”课程体系

学校思想政治工作不是单纯一条线的工作，而应该是全方位的。要完善课程体系，解决好各类课程和思政课相互配合的问题。构建科学合理的德育、智育、体育、美育、劳育课程建设体系、课程标准体系、课程评价体系，充分发挥课堂主渠道作用，通过课程建设提升学生的综合素质，促进学生全面发展，是培育能够担当民族复兴大任时代新人的基础性工作。在课程建设内容和目标上，要突出立德树人，体现育人全方位；在课程建设标准上，要以能否培育担当民族复兴大任时代新人为标准；在评价体系上，要坚持立德树人导向，德技并修，突出思想政治教育和文化素养评价。首先，加强思政课程和课程思政改革，在办好思政课和上好思政课上求实效，坚持价值引领，将课程目标与促进学生全面发展相对应，与提升学生就业质量相对接；其次，加强顶层设计，将思想政治教育融入专业教育、社会实践、志愿服务、实习实训等活动，设立劳动教育必修课，构建专业教育体系、日常教育体系、管理服务体系，形成各体系相互衔接、相互促进的“全方位育人”体系；最后，充分利用信息化手段丰富课堂教学内容、创新教育方式方法，将思政“小课堂”与社会“大课堂”相联系、线下教育与线上教育相对接、理论研究与实践创新相结合，为培养全面发展、德技并修的高素质技术技能人才提供有力支撑。

3. 建立“全方位育人”协同机制

高校必须使各类课程与思政课同向同行，形成协同效应，才能培养出具有良好职业精神的高素质技术技能人才。首先，要建立学校党委统一领导，各部门积极参与的“全方位育人”工作机制。“全方位育人”是一项系统性工作，必须在党委统一领导下，覆盖所有党政工团和教学系部，形成“全方位育人”的思想认识和工作动力，激发各部门和各教学系部共同努力、齐抓共管。其次，要坚持问题导向和“全方位育人”考核评价机制。目前，“全方位育人”还处在探索阶段，在这个过程中需要坚持问题导向和成果导向，瞄准“全方位育人”目标，分析存在的问题，找到改进的方法。认真分析“全方位育人”机制建设、课程建设、平台搭建等方面存在的问题，只有问题找准了，方向对了，才能更好地推进“全方位育人”工作。通过丰富多样的实践活动，改变单一的答卷考试方式，可以将学生参加社会实践、志愿服务、技能操作转化为学分或折合成分数，通过改变考核评价机制充分发挥学生的个性和潜力，实现有价值的人生，从而实现“全方位育人”目标。最后，要坚持“一体化”思政工作机制，统筹推进课程思政和思政课程协调推进。思政课是立德树人的关键课程，发挥思政课作用，达到育人效果，就需要把思政课融入课前、课中、课后各环节，融入第一课堂、第二课堂和第三课堂全过程，从制度体系建设、校园文化体系建设和实践育人体系建设三方面入手，搭建“全方位育人”的一体化平台，统筹开展思政课程建设和课程思政建设，统筹开展通识教育和专业教育，统筹开展理论知识教育和技术技能教育，并将其贯彻到“全方位育人”的各个方面。

第三节　基于“全方位育人”的高校党建工作

一、高校基层党组织政治建设的实践维度

（一）高校基层党组织政治建设的时代背景

当前，国际形势错综复杂，国内社会矛盾凸显，各种思潮激烈争辩，“变”与“不变”交织重叠。面临新形势、新任务、新挑战，以习近平同志为核心的党中央审时度势，团结带领全党全军全国各族人民站在新起点，勇于迎接挑战，推进中国特色社会主义事业向前发展，不断开创新局面。中国特色社会主义进入新时代，高校基层党组织作为坚持和加强党的全面领导的重要阵地，是高校全部工作和战斗力的基础，承担着教育、管理、监督、服务师生党员于一体的责任与使命。扎实推进高校建设，实现高校内涵式发展，必须加强高校基层党组织政治建设工作。

（二）高校基层党组织政治建设的重要意义

加强新时代高校基层党组织政治建设，有利于确保高校各级党组织和党员师生能够坚持维护以习近平同志为核心的党中央权威和集中统一领导，积极投身于高校改革发展中；有利于解决高校党建工作中遇到的突出矛盾和问题，营造高校党建工作的良好氛围；有利于开拓高校党建工作的思路，推动高校党建工作改革创新。因此，高校应坚定不移地加强高校基层党组织建设，以政治建设为统领，为高校事业的发展提供根本保障、指明正确方向，从而对推动我国高等教育事业的发展发挥不可估量的作用。

二、高校党建的“全方位育人”建设意义

（一）强化思想引领

高校党建工作通过加强对学生的思想政治教育，培养和弘扬社会主义核心价值观，引导学生正确树立世界观、人生观、价值观。这有助于培养学生成为德智体美劳全面发展的社会主义建设者和接班人。

（二）培养社会责任感

高校党建工作通过组织志愿服务、社会实践等活动，培养学生的社会责任感和奉献精神。学生将通过参与各种社会实践项目，认识到自己的身份与社会的联系，增强责任心和使命感，培养为社会做出贡献的意识。

（三）提升综合素质

高校党建工作注重提高学生的综合素质，包括思想道德素质、科学文化素质、审美素质、身心素质等方面。通过各类培训、讲座、比赛等方式，培养学生的创新能力、沟通能力、领导能力等，以适应现代社会的发展和需要。

（四）增强身心健康

高校党建工作关注学生的身心健康问题，组织开展丰富多样的健康教育与活动。通过健康教育、健身运动等方式，促进学生身心健康发展，增强抵御不良诱惑和压力的能力。

三、高校党建的“全方位育人”建设途径

首先，高校党建工作通过强化思想政治教育，为学生提供了坚实的思想道德基础。通过组织各类政治理论学习和马克思主义特色课程，党员教师和党员学生可以对党的路线、方针、政策有更加深入的了解和把握。高校还组织开展主题讲座、座谈会等活动，鼓励学生参与讨论和交流，拓宽视野，提高思辨能力。通过这些方式，高校党建工作努力引导学生树立正确的世界观、人生观、价值观，培养他们的社会责任感和公民意识。

其次，高校党建工作注重培养学生的创新能力和实践能力。党建工作通过组织科研竞赛、创新创业项目等活动，鼓励学生独立思考、勇于实践。学生可以参与科研项目，深入了解学科前沿知识，提高解决问题的能力。此外，高校党建工作还鼓励学生参加社会实践、企业实习等活动，让学生在实践中学习、锻炼和成长。学生通过这些实践，能够更好地将理论知识应用于实际，成长为出色的创新创业人才。

再次，高校党建工作致力于培养学生的综合素质。在课程设置上，党建工作会引入多元化的选修课程，如文化艺术、体育健身等，丰富学生的学科背景。此外，高校党建工作注重培养学生的领导能力和团队合作精神。通过组建学生社团、学生会等组织，给予学生充分的自主权和管理权，让他们在组织活动中锻炼领导

力和团队协作能力。高校党建工作也会开展各类培训和讲座，提供学生发展与成长所需的专业技能和软实力培训。

最后，高校党建工作注重培养学生的社会责任感和公民意识。通过组织各类志愿服务活动和社区实践，学生能够深入社会，了解社会问题，培养关心他人、乐于助人的精神。同时，通过举办社会公益讲座、主题教育等，引导学生关注社会热点问题，树立正确的社会价值观。

参考文献

[1] 焦扬 . 立德树人 铸魂育人：复旦大学“三全育人”综合改革案例选编 [M]. 上海：复旦大学出版社，2022.

[2] 姜雅净，程丽萍 . 三全育人理念下高校课程思政改革实践 [M]. 上海：立信会计出版社，2021.

[3] 彭超 . 职业院校“三全育人”理论与实践：重庆公共运输职业学院课程思政建设研究 [M]. 成都：西南交通大学出版社，2022.

[4] 张春宇 . 三全育人理念下高校思政教学创新路径研究 [M]. 长春：吉林大学出版社，2022.

[5] 孙士聪 . 协同创新 三全育人 [M]. 北京：首都师范大学出版社，2021.

[6] 熊晓梅，张国臣 . 育心铸才：东北大学三全育人综合改革案例选编 [M]. 沈阳：东北大学出版社，2021.

[7] 陈敏生 . 新时期高校“三全育人”改革：南方医科大学的实践探索 [M]. 广州：中山大学出版社，2021.

[8] 李娜，曹莲娜 . 师说心语：“三全育人”再出发 [M]. 天津：南开大学出版社，2023.

[9] 陈仕俊，陈军强 . 润物无声 风化于成：三全育人的校本探索与实践 [M]. 杭州：浙江工商大学出版社，2022.

[10] 周国忠 . 浙江旅游职业学院三全育人综合改革成果系列丛书：阳光路上 [M]. 北京：中国旅游出版社，2022.

[11] 鲍韵竹 .“三全育人”视域下高校基层党组织专职组织员开展大学生思想政治教育路径探索 [J]. 大众文艺，2023（13）：196－198.

[12] 杜文静，黄德桥，郭艳芳，等 . 高职院校“三全育人”：重要特征、制度依托及实现路径 [J]. 成人教育，2023，43（7）：82－87.

[13] 翟英杰 .“三全育人”视域下高校思想政治工作的时代价值和实践路径探析 [J]. 肇庆学院学报，2023，44（4）：65－69.

[14] 郜格 . 基于“三全育人”理念的高校育人模式研究 [J]. 现代职业教育，2023（19）：25－28.

[15] 卢岚岚 ．“三全育人”理念下大学生职业生涯规划教育存在的问题及策略研究 [J]. 湖北开放职业学院学报，2023，36（12）：40−42.
[16] 张振，朱琳 ．高校“三全育人”德育工作机制的构建 [J]. 闽西职业技术学院学报，2023，25（2）：81−85.
[17] 段月月，周凯 ．新媒体环境下高校“三全育人”的现实挑战和优化路径 [J]. 天津电大学报，2023，27（2）：6−11.
[18] 冯刚，梅科 ．深刻把握新时代深化“三全育人”建设的内在规律：“三全育人”综合改革试点工作实施五周年回顾 [J]. 青年学报，2023（3）：13−19.
[19] 郭崇嵩，史雪洁 ．“三全育人”下高职院校关工委建设研究 [J]. 淮南职业技术学院学报，2023，23（3）：65−67.
[20] 孔璞，徐皓，杨宏雨，等 ．新时代“三全育人”背景下辅导员角色定位论析 [J]. 现代商贸工业，2023，44（13）：94−96.
[21] 张洁 ．红色文化融入高校“三全育人”工作研究：以嘉兴学院红船精神育人为例 [D]. 大庆：东北石油大学，2023.
[22] 贾冉冉 ．“三全育人”理念下中职学校安全教育的现状及改进研究：以某中等职业学校为例 [D]. 济南：山东师范大学，2023.
[23] 李龙飞 ．“三全育人”背景下高校学生社区思想政治教育问题研究 [D]. 徐州：中国矿业大学，2023.
[24] 陈路 ．基于“三全育人”的研究生课程思政建设研究 [D]. 重庆：重庆邮电大学，2023.
[25] 李珍 ．“三全育人”视域下大学生劳动教育研究 [D]. 重庆：重庆邮电大学，2023.
[26] 王浪 ．《中庸》“位育”对“三全育人”的启示 [D]. 贵阳：贵州师范大学，2022.
[27] 耿海倩 ．三全育人视域下高校思政课与日常思想政治教育工作协同育人研究 [D]. 济南：山东大学，2023.
[28] 杨雅迪 ．“三全育人”视域下大学生网络舆情引导机制研究 [D]. 成都：西华大学，2023.
[29] 李涛 ．“三全育人”视域下高校科学家精神培育研究 [D]. 太原：太原理工大学，2023.
[30] 李飞 ．“三全育人”理念下高校创新创业教育课程的思政功能研究 [D]. 桂林：桂林电子科技大学，2023.